AF402899

"*...Navega velero mío,*
*sin temor,*
*que ni enemigo navío,*
*ni tormenta, ni bonanza,*
*tu rumbo a torcer alcanza,*
*ni a sujetar tu valor.*

*Allá muevan feroz guerra*
*ciegos reyes*
*por un palmo más de tierra,*
*que yo tengo aquí por mío*
*cuanto abarca el mar bravío,*
*a quien nadie impuso leyes.*

*Y no hay playa,*
*sea cualquiera,*
*ni bandera*
*de esplendor,*
*que no sienta*
*mi derecho*
*y dé pecho*
*a mi valor.*

*Que es mi barco mi tesoro,*
*que es mi dios la libertad,*
*mi ley, la fuerza y el viento,*
*mi única patria, la mar...*"

# Comercio marítimo

José Manuel Santos Vázquez

Editorial: BoD · Books on Demand, Calle de Manzanares, 4, 28005 Madrid, bod@bod.com.es
Impresión: Libri Plureos GmbH, Friedensallee 273, 22763 Hamburg (Alemania)

ISBN: 978-84-1092-103-0

A la gente de mar.

Los que navegan,

los que gestionan cargas desde un despacho,

los que comercian, los que estiban...

en fin, a todos los que hacen de nuestra vida una vida mejor.

15 - Revolución Industrial: el vapor y la modernización del comercio marítimo
16 - Apertura de canales estratégicos: Suez y Panamá
17 - Desarrollo de buques de acero y el motor diésel
18- Los avances en navegación y cartografía

Quinta Parte: El Comercio Marítimo en el Siglo XX

19 - La globalización y la interconexión económica
20 - Aparición del contenedor: una revolución logística
21 - Impacto de las guerras mundiales en el comercio marítimo
22 - Desarrollo de los superpetroleros y su rol en la economía

Sexta Parte: Comercio Marítimo Contemporáneo

25 - Innovaciones tecnológicas: barcos autónomos y energías renovables
26 - La digitalización de la logística marítima

Séptima Parte: Perspectivas Futuras

27 - El papel del comercio marítimo en un mundo post-globalización
28- Retos geopolitícos y su impacto en las rutas marítimas
29 - Visiones hacia un comercio marítimo sostenible y equitativo
30 – Las grandes compañías del comercio marítimo

Conclusión

31 - Reflexiones finales sobre la evolución y futuro del comercio marítimo
32- Su legado como factor clave en el desarrollo de la humanidad

Introducción

## 1 - Importancia del comercio marítimo en la historia de la humanidad

Desde tiempos inmemoriales, la humanidad ha mirado al mar no solo como una barrera natural, sino también como un puente hacia lo desconocido, un vasto escenario donde los sueños de exploración y comercio tomaban forma. En las costas donde las primeras civilizaciones florecieron, el comercio marítimo se convirtió en un catalizador del desarrollo económico y cultural, transformando comunidades aisladas en nodos vibrantes de intercambio.

En sus albores, el comercio marítimo estuvo ligado a la supervivencia misma. Las primeras embarcaciones, hechas de troncos huecos o cañas unidas, eran herramientas rudimentarias para cruzar ríos y lagos en busca de recursos. Sin embargo, pronto los navegantes primitivos descubrieron que el mar ofrecía mucho más que una fuente de alimentos. Era una vía de comunicación y una oportunidad de prosperidad. Las balsas y canoas evolucionaron, y con ellas, las ambiciones humanas. La necesidad de comerciar excedentes y adquirir bienes que no estaban disponibles localmente impulsó a las comunidades a aventurarse más allá de las costas conocidas.

En las aguas del Nilo, uno de los ríos más icónicos de la antigüedad, se dio uno de los primeros ejemplos de comercio marítimo organizado. Las barcas cargadas de grano y otros productos esenciales navegaban hacia las ciudades, alimentando a imperios que dependían de estas rutas fluviales para sostener su crecimiento. Más allá de Egipto, en el Mediterráneo oriental, los fenicios construyeron una red comercial que conectaba tierras tan diversas como Levante, Chipre, Grecia y el norte de África.

Eran maestros del mar, famosos por sus barcos robustos y su habilidad para negociar, y establecieron las bases de lo que hoy consideramos comercio internacional.

A medida que el comercio marítimo ganaba complejidad, también lo hacían las economías y las sociedades que dependían de él. Las especies de Oriente, como la canela y la pimienta, se convirtieron en bienes preciados en Occidente. La seda, cuyo resplandor y suavidad fascinaban a las élites romanas, viajaba por rutas que combinaban transporte terrestre y marítimo. Cada embarcación que partía hacia lo desconocido llevaba consigo no solo bienes tangibles, sino también ideas, innovaciones y creencias culturales.

El comercio marítimo no solo conectó economías, sino también civilizaciones enteras. Durante siglos, las rutas marítimas actuaron como arterias que bombeaban la sangre del comercio por todo el cuerpo económico del mundo antiguo. Las primeras rutas marítimas surgieron de una necesidad básica: conectar comunidades separadas por barreras naturales insuperables a pie o en carro. A medida que las sociedades humanas crecían, se enfrentaron al desafío de obtener recursos escasos o inexistentes en sus tierras natales. Así, el mar, que inicialmente era percibido como una barrera infranqueable, se convirtió en un puente que conectaba regiones distantes y desconocidas. Este desarrollo fue crucial para el avance de las economías emergentes, ya que transformó pequeñas aldeas costeras en centros de intercambio comercial, sentando las bases de redes económicas más complejas.

En las antiguas civilizaciones egipcia, fenicia y minoica, el comercio marítimo jugó un papel central en la consolidación de sus economías. Los egipcios, por ejemplo, utilizaron el Nilo no solo como fuente de vida, sino también como vía para transportar mercancías hacia el Mediterráneo. Allí, los fenicios, considerados los primeros grandes comerciantes marítimos, desarrollaron una red de rutas comerciales que conectaba ciudades-estado a lo largo de la costa mediterránea. Desde Tiro y Sidón, sus barcos cargados con tinte púrpura, vidrio y madera de cedro navegaban hacia Grecia, Egipto y más allá.

El impacto económico de estas rutas iniciales fue transformador. No solo facilitaban el intercambio de bienes esenciales, sino que también incentivaban la especialización regional. Por ejemplo, los fenicios producían bienes de alta calidad que eran muy valorados en otros mercados, mientras importaban alimentos y metales preciosos que no podían obtener localmente. Este intercambio promovió la diversificación económica y permitió a estas civilizaciones acumular riqueza y poder.

El éxito de estas primeras rutas marítimas dependía en gran medida de los avances tecnológicos en la construcción de barcos y la navegación. Los fenicios, por ejemplo, desarrollaron embarcaciones más resistentes y rápidas, capaces de transportar mayores cargas. La invención del remo y la vela fue crucial, ya que permitió a los navegantes sortear corrientes y vientos desfavorables, expandiendo así el rango de las rutas comerciales.

Estos avances no solo impulsaron la economía local, sino que también sentaron las bases para la expansión de redes comerciales más allá del Mediterráneo. La conexión entre estas rutas tempranas y las grandes economías emergentes, como las de Mesopotamia e India, allanó el camino para el comercio interregional, que más tarde evolucionaría hacia el comercio global.

Mientras el Mediterráneo florecía como epicentro del comercio marítimo, en Asia surgían otras redes igualmente dinámicas. Las rutas marítimas del Océano Índico conectaban el este de África, Arabia, India y el sudeste asiático, creando un corredor económico que movía bienes como especias, textiles, marfil y piedras preciosas. La particularidad de estas rutas radicaba en la utilización de los monzones, cuyos vientos estacionales permitían a los barcos moverse con eficiencia entre los puertos de esta vasta región.

El impacto económico de estas rutas en Asia fue monumental. Facilitaban la transferencia de riquezas y tecnologías, fomentaban la especialización regional y conectaban economías diversas. Por ejemplo, las ciudades portuarias de India, como Calicut, se convirtieron en importantes centros de comercio, atrayendo comerciantes árabes, persas y chinos, quienes no solo intercambiaban bienes, sino también ideas y prácticas comerciales.

Aunque las primeras rutas marítimas fueron instrumentos de progreso, también trajeron consigo tensiones y conflictos. Las regiones que controlaban los puntos estratégicos de estas rutas, como estrechos y puertos, acumulaban un poder económico y político significativo. Esto a menudo conducía a disputas entre comunidades rivales, ansiosas por dominar estos puntos clave.

Un ejemplo claro es la lucha por el control del estrecho de Malaca en el sudeste asiático, un paso vital para las rutas comerciales entre el Océano Índico y el Pacífico. Durante siglos, esta región fue escenario de alianzas y enfrentamientos, ya que los gobernantes locales buscaban beneficiarse del comercio que pasaba por sus aguas.

La creación de rutas marítimas impulsó el crecimiento de ciudades portuarias, muchas de las cuales se convirtieron en metrópolis vibrantes gracias a su ubicación estratégica. Estas ciudades no solo prosperaron económicamente, sino que también se transformaron en centros de innovación cultural y tecnológica.

Por ejemplo, Alejandría en Egipto y Cartago en el norte de África fueron más que simples puertos; fueron centros de aprendizaje, comercio y diplomacia. Su éxito se basó en su capacidad para facilitar el comercio marítimo y gestionar el flujo constante de bienes y personas, consolidando así su posición como potencias económicas de la antigüedad.

En la historia del comercio marítimo, los avances tecnológicos siempre desempeñaron un papel crucial. La invención de la vela, por ejemplo, revolucionó la navegación al permitir viajes más largos y eficientes. Con el tiempo, la búsqueda de nuevas rutas marítimas impulsó el desarrollo de mapas más precisos y de instrumentos como el astrolabio y el sextante, herramientas que dieron a los navegantes el poder de orientarse con mayor exactitud.

La ambición humana de explorar y comerciar no estuvo exenta de riesgos. Los navegantes enfrentaban tormentas, piratas y la incertidumbre de lo desconocido. Sin embargo, el potencial de riqueza y progreso superaba con creces estos peligros. Cada nueva ruta descubierta era una promesa de prosperidad. Cada carga de especias, seda o metales preciosos que llegaba a puerto enriquecía no solo a comerciantes individuales, sino también a las economías locales y nacionales.

A medida que avanzaba la historia, el comercio marítimo pasó de ser un esfuerzo rudimentario para convertirse en una empresa compleja y estructurada. Las ciudades portuarias, como Venecia, Ámsterdam y Lisboa, florecieron como centros neurálgicos de la actividad comercial. En Venecia, por ejemplo, el poder económico derivado del comercio marítimo permitió a la ciudad-estado ejercer influencia política y cultural mucho más allá de sus fronteras. Amsterdam, por su parte, se convirtió en el centro financiero del mundo durante la Edad de Oro holandesa, gracias en gran medida a su dominio del comercio marítimo.

Hoy, al mirar al pasado, es imposible subestimar la importancia del comercio marítimo en el desarrollo de la humanidad. Desde los humildes comienzos con balsas y canoas, hasta la era de los gigantescos buques portacontenedores, el mar ha sido un escenario constante de ambición y logro humano. Los barcos que surcan los océanos no son solo medios de transporte; son símbolos de nuestra capacidad para conectar, innovar y prosperar juntos.

El comercio marítimo no es solo una historia de riquezas acumuladas o tecnologías desarrolladas. Es una historia de humanidad, de cómo el deseo de mejorar nuestras vidas nos llevó a cruzar horizontes, a construir puentes sobre el agua y a crear un mundo donde las distancias se miden no en millas, sino en el tiempo que tarda un barco en llegar a puerto. Este capítulo inicial es solo el comienzo de una exploración más profunda sobre cómo el comercio marítimo ha moldeado y sigue moldeando nuestro destino colectivo.

## 2 - El comercio marítimo como motor del desarrollo económico global

Desde las primeras civilizaciones hasta los albores del mundo moderno, el comercio marítimo ha desempeñado un papel fundamental en el desarrollo económico global. Su impacto se extiende mucho más allá de la simple actividad comercial, constituyendo un motor de transformación económica, social y cultural que ha moldeado la historia de la humanidad. Su evolución es una narrativa apasionante de innovación, interconexión y desafío, una que comenzó con balsas rudimentarias y ha llegado a sofisticados buques portacontenedores que cruzan los océanos cargados con las promesas del comercio globalizado.

El comercio marítimo surgió de una necesidad esencial: superar las limitaciones geográficas para acceder a recursos que no estaban disponibles localmente. Las comunidades costeras de la antigüedad, desde las que vivían a lo largo del Nilo hasta las de las islas del Egeo, comenzaron a experimentar con la construcción de embarcaciones capaces de transportar bienes. Estos primeros intercambios no solo satisfacían necesidades inmediatas, como la obtención de alimentos o herramientas, sino que también abrían la puerta a nuevas formas de organización económica y social. Así, las primeras rutas marítimas no solo conectaban geografías, sino que también vinculaban culturas, impulsando el intercambio de ideas, tecnologías y costumbres.

La Edad Antigua fue testigo de un notable avance en la complejidad y alcance del comercio marítimo. En el Mediterráneo, los fenicios destacaron como pioneros de la navegación y el comercio marítimo. Desde sus prósperas ciudades de Tiro y Sidón, lanzaron expediciones comerciales que les permitieron establecer una red de rutas que abarcaba desde

Egipto hasta las costas de la península ibérica. Su dominio del mar no solo les otorgó riqueza y poder, sino que también les permitió convertirse en intermediarios culturales, transportando tecnologías, religiones e incluso alfabetos a los pueblos que encontraban. Este período marcó el inicio de una relación simbiótica entre el comercio marítimo y el desarrollo económico, ya que el crecimiento de la actividad comercial alimentaba la expansión de ciudades portuarias y el surgimiento de redes comerciales más amplias.

El potencial transformador del comercio marítimo se amplificó enormemente con la llegada de la Era de los Descubrimientos. A partir del siglo XV, exploradores europeos como Cristóbal Colón, Vasco da Gama y Fernando de Magallanes desafiaron los límites del conocimiento geográfico para abrir nuevas rutas marítimas hacia continentes hasta entonces desconocidos o poco accesibles para los europeos. Estas expediciones no solo ampliaron los horizontes del comercio, sino que también alteraron profundamente las dinámicas económicas y políticas del mundo. Los tesoros del Nuevo Mundo, desde oro y plata hasta productos agrícolas como el cacao y el tabaco, comenzaron a fluir hacia Europa, estimulando el crecimiento económico y fomentando la acumulación de capital que sentaría las bases para la Revolución Industrial.

En este contexto, el comercio marítimo no solo era un medio para transportar bienes; era también un catalizador para la creación de instituciones económicas y políticas que sostendrían la expansión del comercio global. Las grandes compañías comerciales, como la Compañía Holandesa de las Indias Orientales, surgieron como entidades poderosas que monopolizaban rutas marítimas estratégicas y generaban riquezas inmensas. Estas compañías no solo gestionaban flotas de barcos, sino que también construían infraestructura portuaria, establecían colonias y ejercían influencia política en territorios lejanos. Este modelo empresarial transformó la economía global, consolidando un sistema de comercio marítimo que conectaba continentes y que sentó las bases para el capitalismo moderno.

El desarrollo del comercio marítimo fue también inseparable del progreso tecnológico. La invención de la brújula, el sextante y mapas más precisos mejoró significativamente la capacidad de los navegantes para trazar rutas seguras y eficientes. Posteriormente, la transición de embarcaciones de madera a buques de hierro impulsados por vapor durante el siglo XIX marcó un cambio revolucionario. Esta innovación no solo aumentó la capacidad de carga y la velocidad de los viajes, sino que también redujo los costos de transporte, haciendo que el comercio marítimo fuera más accesible para un número creciente de actores económicos. Además, la construcción de canales estratégicos como el de Suez y el de Panamá acortó drásticamente las distancias entre mercados clave, reforzando aún más el papel del comercio marítimo como columna vertebral de la economía global.

En el siglo XX, el comercio marítimo experimentó otra revolución con la introducción del contenedor estándar. Este desarrollo aparentemente sencillo transformó la logística del transporte global, permitiendo que bienes de todo tipo pudieran ser cargados, transportados y descargados de manera rápida y eficiente. Los buques portacontenedores, diseñados específicamente para manejar estos nuevos recipientes, se convirtieron en la columna vertebral del comercio internacional. Gracias a ellos, una fábrica en China podía enviar productos a cualquier rincón del mundo con una velocidad y un costo que antes eran inimaginables. Esta estandarización no solo redujo las barreras al comercio, sino que también fomentó una mayor integración económica entre las naciones, contribuyendo al fenómeno de la globalización.

El impacto económico del comercio marítimo no se limita al transporte de bienes; también tiene profundas implicaciones para el desarrollo urbano y regional. Las ciudades portuarias, como Singapur, Rotterdam y Shanghái, han prosperado gracias a su papel central en las redes de comercio marítimo. Estas urbes no solo manejan volúmenes masivos de carga, sino que también atraen inversiones, generan empleo y fomentan la innovación en sectores relacionados con la logística, la tecnología y los servicios financieros. De hecho, muchas de estas ciudades son ahora epicentros de la economía global, cuya influencia se extiende mucho más allá de sus fronteras.

Sin embargo, el comercio marítimo también enfrenta desafíos significativos en el siglo XXI. El aumento de la congestión en los puertos, las interrupciones en las cadenas de suministro y las presiones para reducir las emisiones de carbono son solo algunos de los problemas que amenazan con socavar su eficiencia y sostenibilidad. La industria ha comenzado a responder con innovaciones como buques de cero emisiones, automatización de puertos y tecnologías avanzadas de seguimiento, pero aún queda mucho por hacer para garantizar que el comercio marítimo pueda adaptarse a un mundo en constante cambio.

Desde los primeros navegantes que se aventuraron más allá de la vista de la costa hasta las flotas masivas de buques portacontenedores que atraviesan los océanos hoy en día, la historia del comercio marítimo es una narrativa de innovación, adaptación y progreso. Su impacto en el desarrollo económico global es incuestionable, y su futuro, aunque lleno de retos, sigue siendo prometedor.

Primera Parte: Los Orígenes del Comercio Marítimo

## 3 - Navegación primitiva: las primeras embarcaciones

El amanecer de la navegación marcó uno de los hitos más trascendentales en la historia de la humanidad. Mucho antes de que los grandes imperios surgieran o de que los océanos se llenaran de flotas mercantes, los primeros seres humanos miraron hacia el agua no solo como una fuente de sustento, sino como un camino hacia nuevas oportunidades. La navegación primitiva comenzó como una solución ingeniosa a problemas cotidianos y evolucionó hacia un elemento transformador de la existencia humana, conectando comunidades, acelerando el intercambio de bienes e ideas, y allanando el camino para las primeras redes comerciales que darían forma al mundo tal como lo conocemos.

Las primeras embarcaciones surgieron de la necesidad y la observación. En un principio, los humanos prehistóricos habitaban cerca de cuerpos de agua debido a la abundancia de recursos que ofrecían. Los ríos, lagos y costas no solo proporcionaban agua dulce y alimentos como peces, moluscos y crustáceos, sino que también actuaban como barreras naturales contra depredadores y climas extremos. Sin embargo, estas mismas barreras presentaban un desafío: la movilidad. Cruzar un río o alcanzar una isla cercana requería ingenio, y fue en ese punto donde comenzó la aventura marítima.

Se cree que las primeras formas de transporte acuático se remontan al período paleolítico, hace decenas de miles de años. Estas embarcaciones primitivas probablemente tomaron la forma de troncos de árboles vaciados o atados, herramientas que ofrecían flotación básica y permitían a los humanos cruzar pequeñas extensiones de agua. Aunque rudimentarias, estas primeras invenciones representaron un avance crucial. Con ellas, las comunidades pudieron expandirse más allá de sus límites geográficos inmediatos, establecer contactos con otras tribus y explorar territorios desconocidos.

La innovación en la navegación no tardó en avanzar. A medida que las comunidades adquirieron más conocimientos sobre los materiales disponibles y sus propiedades, comenzaron a experimentar con diseños más elaborados. Los troncos ahuecados, por ejemplo, evolucionaron para convertirse en canoas básicas, a menudo construidas mediante un proceso laborioso que implicaba quemar y tallar madera para crear una cavidad estable. Este diseño no solo mejoró la estabilidad de las embarcaciones, sino que también aumentó su capacidad de carga, permitiendo transportar no solo personas, sino también herramientas, alimentos y otros bienes esenciales.

En regiones donde la madera era escasa, como las zonas desérticas cercanas al mar, las comunidades desarrollaron soluciones alternativas. Una de las innovaciones más notables fue el uso de cañas o juncos para construir balsas ligeras pero resistentes. En el Valle del Nilo, por ejemplo, los antiguos egipcios usaron papiro para construir embarcaciones capaces de navegar ríos y lagos. Del mismo modo, en las costas de América del Sur, culturas precolombinas como los mochicas construyeron balsas con totora, una planta acuática que crece en los humedales.

El avance de la navegación primitiva no habría sido posible sin la observación atenta del entorno natural. Los navegantes prehistóricos aprendieron a interpretar las corrientes, los vientos y las mareas, utilizando estos elementos como herramientas para mejorar sus viajes. En las islas del Pacífico, por ejemplo, los pueblos indígenas desarrollaron un conocimiento profundo del océano. A través de la observación de patrones en las olas y la posición de las estrellas, lograron realizar viajes asombrosos, conectando islas separadas por cientos de kilómetros. Este nivel de habilidad y comprensión fue adquirido y transmitido a través de generaciones, convirtiendo la navegación en un arte tanto como en una ciencia.

La navegación primitiva también desempeñó un papel crucial en el desarrollo de las primeras redes comerciales. Una vez que las embarcaciones permitieron a las comunidades transportar bienes a través del agua, el intercambio se convirtió en una parte esencial de la vida cotidiana. Los ríos se transformaron en arterias de comercio que conectaban asentamientos, mientras que las costas se convirtieron en puntos de encuentro donde las tribus intercambiaban alimentos, herramientas, pigmentos y otros productos. Por ejemplo, en el Neolítico, el comercio marítimo permitió la difusión de la obsidiana, una piedra volcánica utilizada para fabricar herramientas afiladas, a lo largo de vastas regiones del Mediterráneo.

La transición de la navegación primitiva a formas más avanzadas fue impulsada en gran medida por la invención de tecnologías más sofisticadas. La vela, por ejemplo, representó un cambio radical en la capacidad de las embarcaciones para aprovechar el viento como fuente de energía. Aunque se desconoce exactamente cuándo se inventó la primera vela, hay evidencia de que civilizaciones como los egipcios ya usaban velas de lino en sus barcos fluviales alrededor del año 3,000 a.C. Este avance permitió que los navegantes viajaran distancias más largas y transportaran mayores cantidades de bienes, consolidando aún más el papel de la navegación como un motor del progreso humano.

A medida que las embarcaciones primitivas dieron paso a diseños más avanzados, también lo hicieron las capacidades comerciales de las comunidades humanas. Los barcos más grandes y robustos permitieron que el comercio marítimo se expandiera desde rutas fluviales hasta rutas costeras y, eventualmente, rutas marítimas abiertas. En el Mediterráneo, por ejemplo, las primeras culturas marítimas, como la minoica y la micénica, construyeron barcos que podían navegar largas distancias, conectando las islas del Egeo con Egipto, Anatolia y otras regiones. Estos viajes no solo transportaban bienes, sino también ideas, tecnologías y tradiciones culturales, fomentando un nivel sin precedentes de interconexión entre las civilizaciones.

El impacto económico y social de la navegación primitiva fue transformador. Las comunidades que dominaron el arte de construir y operar embarcaciones ganaron ventajas significativas sobre aquellas que permanecieron aisladas. Los navegantes no solo podían acceder a recursos lejanos, sino que también podían establecer redes de intercambio que les proporcionaban estabilidad y prosperidad. Este dominio del agua fue, en muchos sentidos, un precursor de la desigualdad económica y política que caracterizaría a las sociedades humanas en los siglos venideros.

Sin embargo, la navegación primitiva también tenía sus limitaciones y desafíos. Las embarcaciones rudimentarias eran vulnerables a las inclemencias del tiempo, y los navegantes dependían en gran medida de condiciones favorables para completar sus viajes. Además, la falta de mapas precisos y herramientas de navegación significaba que los viajes a menudo estaban plagados de riesgos e incertidumbre. Estas dificultades, sin embargo, no detuvieron a los primeros marineros, sino que los impulsaron a innovar y adaptarse, sentando las bases para los avances que vendrían más adelante.

En última instancia, la navegación primitiva fue mucho más que un simple medio de transporte; fue una revolución en la forma en que los humanos interactuaban con su entorno y entre sí. A través de las aguas de ríos, lagos y océanos, las primeras embarcaciones llevaron consigo no solo bienes materiales, sino también el germen de un mundo más conectado e interdependiente. Cada tronco ahuecado y cada balsa de juncos representaban un pequeño paso hacia un futuro en el que el comercio marítimo se convertiría en una de las fuerzas más poderosas de transformación económica y social.

Hoy, cuando miramos hacia atrás en los orígenes de la navegación, es imposible no maravillarse ante la creatividad y el ingenio de los primeros navegantes. Sus rudimentarias embarcaciones no solo marcaron el comienzo de una nueva era en la historia humana, sino que también nos recuerdan que las mayores transformaciones suelen comenzar con los pasos más simples y audaces. La navegación primitiva no fue solo el primer capítulo del comercio marítimo; fue el punto de partida de una epopeya que aún continúa escribiéndose.

4 - Intercambios comerciales en civilizaciones antiguas: Egipto, Mesopotamia y Fenicia

El comercio, desde sus inicios, ha sido un motor fundamental en el desarrollo de las civilizaciones. En las primeras sociedades organizadas, los intercambios comerciales no solo promovieron el crecimiento económico, sino que también facilitaron el intercambio cultural, la difusión tecnológica y el fortalecimiento de relaciones políticas. Entre las civilizaciones antiguas que destacaron por su actividad comercial sobresalen Egipto, Mesopotamia y Fenicia, cada una de las cuales desarrolló sistemas únicos de intercambio que les permitieron prosperar y moldear el curso de la historia.

En las orillas fértiles del río Nilo, Egipto se erigió como una de las primeras civilizaciones avanzadas del mundo. La economía egipcia estaba profundamente influenciada por la regularidad de las inundaciones del Nilo, que aseguraban cosechas abundantes. Este excedente agrícola permitió a Egipto no solo alimentar a su población, sino también generar productos excedentes para el comercio. Los egipcios desarrollaron un sistema de intercambio que combinaba trueque y comercio estatal. Aunque el dinero en forma de metales preciosos no era común en las primeras etapas, se usaban medidas de grano y otros bienes como referencia para las transacciones.

Egipto comerciaba activamente con sus vecinos, tanto por tierra como por agua. Los barcos que surcaban el Nilo conectaban las ciudades del interior con el Mediterráneo, mientras que las caravanas cruzaban el desierto hacia Nubia y el Levante. A través de estas rutas, los egipcios obtenían bienes esenciales y de lujo que no estaban disponibles en su territorio. De Nubia, al sur, importaban oro, ébano, marfil y esclavos. Del Levante llegaban madera de cedro, aceite de oliva y productos manufacturados.

Además, el comercio con Punt, una región misteriosa en el Cuerno de África trajo a Egipto incienso, mirra y animales exóticos.

Los templos desempeñaron un papel central en la economía egipcia. Estas instituciones no solo eran centros religiosos, sino también nodos económicos que gestionaban recursos organizaban expediciones comerciales y acumulaban riqueza. Los faraones financiaban grandes proyectos arquitectónicos y mantenían su influencia política mediante la redistribución de bienes obtenidos a través del comercio. En este sentido, el comercio no era solo una actividad económica; era también una herramienta para consolidar el poder estatal y la unidad social.

Mientras Egipto florecía en el valle del Nilo, Mesopotamia se desarrollaba entre los ríos Tigris y Éufrates. La cuna de la civilización, como a menudo se le llama, fue testigo del surgimiento de las primeras ciudades-estado, como Ur, Uruk y Babilonia. En esta región, donde los recursos naturales eran limitados, el comercio se convirtió en una necesidad vital. La falta de materiales esenciales como madera, metales y piedras preciosas obligó a los mesopotámicos a establecer redes comerciales extensas para garantizar el suministro de estos bienes.

El comercio en Mesopotamia estaba profundamente integrado en la vida diaria. Los mercados, tanto locales como regionales, eran lugares vibrantes donde se intercambiaban productos agrícolas, cerámicas, textiles y bienes importados. Las tablillas de arcilla, inscritas con escritura cuneiforme, ofrecen un testimonio detallado de las transacciones comerciales. Estas tablillas registran contratos, acuerdos de intercambio y listas de mercancías, lo que demuestra un sistema económico altamente organizado.

Los mesopotámicos comerciaban activamente con regiones distantes. Desde Anatolia obtenían cobre y estaño, los componentes esenciales para la fabricación de bronce. De la región del Golfo Pérsico importaban perlas, conchas y piedras semipreciosas. Desde el valle del Indo llegaban productos como algodón, marfil y piedras preciosas. Este comercio a larga distancia no solo enriqueció a Mesopotamia, sino que también conectó culturalmente a las civilizaciones del mundo antiguo, fomentando un intercambio constante de ideas y tecnologías.

Uno de los logros más notables de Mesopotamia fue la invención de herramientas financieras y logísticas que facilitaban el comercio. Los mesopotámicos desarrollaron sistemas avanzados de crédito, seguros y contabilidad. También establecieron almacenes y redes de transporte que permitían la distribución eficiente de bienes. Estas innovaciones no solo beneficiaron a Mesopotamia, sino que también sentaron las bases para el desarrollo del comercio en las civilizaciones posteriores.

Por otro lado, Fenicia se destacó como la civilización comercial por excelencia del mundo antiguo. Situada en una franja costera entre las montañas del Líbano y el mar Mediterráneo, la falta de tierras agrícolas obligó a los fenicios a mirar hacia el mar en busca de oportunidades. Este pueblo se convirtió en uno de los navegantes más hábiles de la antigüedad, estableciendo rutas comerciales que abarcaban todo el Mediterráneo y más allá.

Los fenicios eran maestros de la construcción naval. Sus barcos, conocidos por su resistencia y maniobrabilidad, les permitieron viajar largas distancias y transportar grandes cargas. La madera de cedro, abundante en su región, era un recurso valioso tanto para la construcción de barcos como para el comercio. Los fenicios también eran expertos en la fabricación de bienes de lujo, como textiles teñidos con púrpura, un tinte obtenido de moluscos marinos que era extremadamente valorado por su rareza y calidad. Este producto, conocido como "púrpura de Tiro", se convirtió en un símbolo de riqueza y poder en todo el Mediterráneo.

La expansión comercial fenicia condujo al establecimiento de colonias y enclaves comerciales en lugares estratégicos. Ciudades como Cartago, fundada en el norte de África, se convirtieron en centros neurálgicos de comercio y poder político. Estas colonias no solo servían como puntos de intercambio, sino también como bases para explorar nuevas rutas y mercados. A través de su red comercial, los fenicios conectaron a Egipto, Mesopotamia, Grecia y otras regiones, facilitando un intercambio constante de bienes, ideas y tecnologías.

El impacto de los fenicios en el comercio marítimo fue inmenso. Introdujeron innovaciones que transformaron la economía del Mediterráneo, como el uso de contratos escritos y la estandarización de pesos y medidas. Su alfabeto, un sistema simple y eficiente de escritura, facilitó la comunicación comercial y sirvió como base para los alfabetos griego y latino. En muchos sentidos, los fenicios sentaron las bases para la globalización económica en la antigüedad.

Aunque cada una de estas civilizaciones tenía sus propias características y desafíos, compartían un entendimiento común: el comercio era mucho más que una simple transacción económica. Era un puente entre culturas, una herramienta para el progreso tecnológico y una fuerza impulsora del desarrollo humano. A través de sus intercambios comerciales, Egipto, Mesopotamia y Fenicia no solo prosperaron individualmente, sino que también contribuyeron a la construcción de un mundo más conectado e interdependiente.

Las huellas de estas civilizaciones perduran hasta hoy. Los sistemas de comercio que desarrollaron, las innovaciones que introdujeron y las rutas que trazaron sentaron las bases para la economía global moderna. En sus barcos cargados de bienes preciosos, no solo transportaban mercancías, sino también las semillas de un futuro en el que el comercio seguiría siendo un pilar central de la humanidad.

5 - La Ruta Marítima de la Seda: conexiones entre Oriente y Occidente

La Ruta Marítima de la Seda fue mucho más que un entramado de rutas comerciales; fue un puente dinámico que conectó civilizaciones, impulsó el desarrollo económico y transformó las culturas de Oriente y Occidente. Durante siglos, esta red de rutas marítimas sirvió como un conducto para el intercambio de bienes, conocimientos, tecnologías e ideas, estableciendo un modelo temprano de globalización que continúa influyendo en el comercio y la economía mundial.

Aunque la Ruta de la Seda terrestre ha recibido mayor atención histórica, la Ruta Marítima de la Seda fue igual de significativa, especialmente porque aprovechó la inmensidad de los océanos para superar barreras geográficas y conectar puntos lejanos con una eficiencia sin precedentes. Desde los puertos de China hasta los mercados de Oriente Medio y Europa, esta red comercial marítima no solo transportaba productos valiosos, sino que también creaba conexiones humanas, políticas y culturales que definieron eras enteras.

En el corazón de la Ruta Marítima de la Seda estaba China, una civilización que desde tiempos antiguos comprendió el potencial de los mares como vía de intercambio. Durante la dinastía Han (206 a.C.–220 d.C.), el comercio marítimo ya había comenzado a complementar las rutas terrestres. Sin embargo, fue bajo la dinastía Tang (618–907 d.C.) cuando estas rutas alcanzaron una importancia estratégica. Los puertos de Cantón, Quanzhou y Hangzhou se convirtieron en centros neurálgicos del comercio internacional, atrayendo a comerciantes de lugares tan lejanos como Arabia, India y el sudeste asiático.

La seda, como el producto insignia de China, daba nombre a esta red de comercio. Ligera, resistente y de una belleza incomparable, la seda era un bien preciado en los mercados extranjeros. Sin embargo, no era el único producto que viajaba por estas rutas. Porcelana, té, papel, especias y metales preciosos también se encontraban entre los bienes más comerciados. En dirección contraria, China recibía piedras preciosas, marfil, ámbar, textiles finos, caballos y una plétora de influencias culturales y tecnológicas que enriquecieron su sociedad.

La interacción entre civilizaciones no se limitaba a los productos materiales. A través de la Ruta Marítima de la Seda, las religiones, filosofías y conocimientos científicos también encontraron su camino hacia nuevas tierras. El budismo, por ejemplo, se expandió desde la India a China y el sudeste asiático, transformando profundamente las culturas de estas regiones. Del mismo modo, los avances en la navegación, la medicina y las matemáticas se difundieron a través de estas rutas, estableciendo un intercambio intelectual que precedió a las universidades y academias formales.

El sudeste asiático ocupaba un lugar especial en esta red. Regiones como el actual Vietnam, Tailandia, Indonesia y Malasia servían como puntos de tránsito cruciales en la Ruta Marítima de la Seda. Estas áreas no solo facilitaban el comercio, sino que también se convirtieron en centros de producción y transformación. Por ejemplo, el archipiélago malayo era famoso por su producción de especias como la nuez moscada, el clavo y la canela, bienes que eran transportados a mercados lejanos donde alcanzaban un valor extraordinario.

Más al oeste, la Ruta Marítima de la Seda se extendía hacia el subcontinente indio y la península arábiga, regiones que actuaban como intermediarias entre Oriente y Occidente. Los comerciantes indios y árabes desempeñaban un papel vital en esta red, utilizando sus conocimientos de los vientos monzónicos para navegar grandes distancias. Estos vientos estacionales no solo determinaban las rutas marítimas, sino también los tiempos de navegación, lo que daba lugar a períodos específicos de intenso comercio seguidos de temporadas de relativa calma.

En la península arábiga, puertos como Adén y Mascate florecieron como centros de intercambio. Estos lugares no solo conectaban el océano Índico con el mar Rojo y el Mediterráneo, sino que también servían como puntos de encuentro para comerciantes de diversas culturas. Los mercaderes árabes, en particular, eran famosos por su habilidad para negociar y por su conocimiento de múltiples idiomas, lo que les permitía actuar como intermediarios eficaces entre los comerciantes de Oriente y Occidente.

A medida que los bienes avanzaban hacia el oeste, la Ruta Marítima de la Seda se conectaba con las redes comerciales del Mediterráneo. Los fenicios, griegos y romanos habían establecido previamente rutas marítimas en esta región, y estas se integraron de manera natural con las rutas provenientes de Asia. Ciudades como Alejandría y Constantinopla se convirtieron en puntos clave donde los bienes asiáticos eran redistribuidos hacia Europa.

La importancia de la Ruta Marítima de la Seda se mantuvo durante siglos, pero alcanzó su apogeo durante las dinastías Song (960–1279 d.C.) y Yuan (1271–1368 d.C.). Durante este período, China experimentó un auge económico sin precedentes, en gran parte gracias al comercio marítimo. Los avances en la construcción naval, como la invención del timón de popa y el perfeccionamiento de las brújulas magnéticas, permitieron a los comerciantes chinos aventurarse aún más lejos. Los juncos chinos, conocidos por su tamaño y capacidad, dominaban los mares, llevando mercancías hasta las costas de África oriental.

Uno de los episodios más destacados de la Ruta Marítima de la Seda fue la serie de expediciones lideradas por Zheng He, el legendario almirante chino durante la dinastía Ming (1368–1644 d.C.). Entre 1405 y 1433, Zheng He comandó una flota gigantesca que viajó desde China hasta África oriental, pasando por el sudeste asiático, el subcontinente indio y el golfo Pérsico. Estas expediciones no solo demostraron la capacidad marítima de China, sino que también consolidaron su posición como un centro de poder económico y cultural en la región.

Sin embargo, la Ruta Marítima de la Seda no estuvo exenta de desafíos. La piratería, los conflictos políticos y los cambios en las dinámicas económicas globales afectaron el comercio en diferentes momentos. A pesar de estos obstáculos, la red sobrevivió y evolucionó, adaptándose a las nuevas realidades del comercio internacional.

Con la llegada de los exploradores europeos al océano Índico en el siglo XV, la Ruta Marítima de la Seda entró en una nueva fase. Los portugueses, seguidos por los holandeses, británicos y otros imperios europeos, buscaron establecer su control sobre estas rutas. Aunque esto marcó el inicio de un cambio en el equilibrio de poder, la Ruta Marítima de la Seda continuó siendo una arteria vital del comercio global, ahora integrada en un sistema más amplio de interacción mundial.

Hoy, los ecos de la Ruta Marítima de la Seda resuenan en el comercio global. La Iniciativa de la Franja y la Ruta, promovida por China en el siglo XXI, se inspira en esta antigua red de intercambio, con el objetivo de revitalizar las conexiones entre

Asia, África y Europa. Este esfuerzo moderno subraya la importancia perdurable de las rutas marítimas como conductos para la prosperidad económica y el entendimiento cultural.

En esencia, la Ruta Marítima de la Seda fue más que un medio para transportar bienes; fue un vehículo para la transformación social, cultural y económica. En cada puerto tocado, en cada mercancía intercambiada y en cada historia compartida, esta red tejió un mundo más conectado, sentando las bases para la globalización tal como la conocemos hoy.

6 - Influencia de las culturas clásicas: el comercio griego y romano

El comercio marítimo en las culturas griega y romana desempeñó un papel crucial en la configuración del mundo antiguo, estableciendo conexiones económicas, culturales y políticas que sentaron las bases de muchas prácticas comerciales modernas. Estas civilizaciones clásicas no solo aprovecharon las rutas marítimas para el intercambio de bienes, sino que también desarrollaron innovaciones en navegación, derecho y logística que transformaron el comercio en una fuerza organizadora de la vida económica y social.

Para los antiguos griegos, el mar Egeo era tanto un desafío como una oportunidad. La geografía montañosa y fragmentada de Grecia dificultaba la agricultura extensiva y el transporte terrestre, pero su posición estratégica, rodeada de islas y costas, convertía el mar en una arteria vital para el intercambio. Desde los primeros días de su historia, los griegos se volcaron hacia el comercio marítimo como una solución para suplir las necesidades de recursos y alimentos, y como una vía para expandir su influencia cultural.

Las primeras ciudades-estado griegas, como Atenas, Esparta y Corinto, comprendieron rápidamente la importancia del comercio marítimo. Atenas, en particular, se destacó como una potencia marítima gracias a su dominio de la flota y su acceso a importantes rutas comerciales. Desde los puertos del Pireo, los barcos griegos exportaban productos como vino, aceite de oliva, cerámica y textiles finos, mientras importaban cereales, metales preciosos, madera y esclavos. La expansión comercial de Grecia no solo enriqueció a sus ciudades-estado, sino que también promovió la interacción con otras culturas del Mediterráneo, como los fenicios, egipcios y persas.

El comercio griego no solo era una actividad económica; era un medio para difundir ideas, tecnologías y valores culturales. A través de sus redes comerciales, los griegos llevaron su alfabeto, su arte y su arquitectura a tierras lejanas, dejando una huella indeleble en regiones como Asia Menor, el norte de África y el sur de Italia. De hecho, muchas de estas áreas fueron colonizadas por los griegos, creando un sistema de polis interconectadas que facilitaban el flujo constante de bienes y conocimientos.

Con el surgimiento del Imperio Romano, el comercio marítimo alcanzó una escala sin precedentes. A diferencia de los griegos, cuyo comercio se concentraba en el mar Egeo y las áreas circundantes, los romanos extendieron sus rutas comerciales a prácticamente todo el Mediterráneo, que llamaron *Mare Nostrum* (Nuestro Mar). Este dominio del Mediterráneo convirtió al imperio en el centro económico del mundo antiguo, uniendo regiones tan diversas como Egipto, Hispania, Galia, Siria y Britania en una vasta red comercial.

Roma dependía del comercio marítimo para mantener la estabilidad económica y política de su imperio. La creciente población de la ciudad de Roma, que llegó a superar el millón de habitantes en su apogeo, requería un suministro constante de alimentos y bienes. El comercio de cereales, particularmente trigo de Egipto y el norte de África, era esencial para alimentar a la población romana y evitar disturbios sociales. Los grandes barcos mercantes transportaban toneladas de grano a través del Mediterráneo, y los almacenes portuarios de Ostia, el puerto principal de Roma, se llenaban de provisiones que luego se distribuían por la ciudad.

Además del trigo, los romanos comerciaban una amplia variedad de bienes, incluyendo vino, aceite de oliva, vidrio, mármol, esclavos, especias, telas y artículos de lujo como joyas y perfumes. Estos productos no solo circulaban dentro del imperio, sino que también llegaban a regiones más allá de sus fronteras. Las caravanas comerciales que partían de Oriente transportaban bienes como seda, especias y piedras preciosas hasta los puertos romanos, donde eran redistribuidos por todo el Mediterráneo.

El comercio romano no habría sido posible sin los avances en tecnología y organización que desarrollaron. Los romanos perfeccionaron la construcción naval, creando barcos más grandes y eficientes que podían transportar mayores cantidades de carga. También desarrollaron infraestructuras portuarias avanzadas, como muelles, almacenes y faros, que facilitaban la carga y descarga de mercancías y mejoraban la seguridad de la navegación. Uno de los ejemplos más impresionantes es el puerto de Ostia, que incluía un complejo sistema de canales y almacenes para manejar el flujo constante de bienes que llegaban a Roma.
Desde el punto de vista jurídico, los romanos establecieron un marco legal que facilitaba las transacciones comerciales y protegía a los comerciantes. El derecho romano incluía principios específicos para regular el comercio marítimo, como los contratos de fletamento y las reglas sobre responsabilidad en caso de naufragio. Estas leyes proporcionaron seguridad y confianza a los comerciantes, fomentando la expansión del comercio a nuevas regiones.

La influencia del comercio griego y romano también se extendió al ámbito cultural y social. A través de sus redes comerciales, estas civilizaciones promovieron el intercambio de ideas, arte y religión. Por ejemplo, el culto a Isis, una deidad egipcia, se extendió por el Mediterráneo gracias a las conexiones comerciales, mientras que el cristianismo utilizó las rutas marítimas romanas para expandirse rápidamente desde Palestina hasta Europa y África del Norte.

Sin embargo, el comercio marítimo en estas culturas no estuvo exento de desafíos. La piratería era una amenaza constante, especialmente en el Mediterráneo oriental. Los romanos abordaron este problema de manera contundente, liderando campañas militares para erradicar a los piratas y proteger las rutas comerciales. Además, las fluctuaciones en la economía, como las crisis de sobreproducción o la escasez de recursos, afectaban la estabilidad del comercio.

A pesar de estos desafíos, el comercio marítimo griego y romano dejó un legado duradero. Su capacidad para conectar regiones, promover el intercambio cultural y desarrollar tecnologías e instituciones comerciales sentó las bases para el comercio global. Muchos de los principios que guiaron el comercio en estas civilizaciones, como la importancia de la infraestructura, la legalidad y la seguridad, siguen siendo relevantes en la actualidad.

En última instancia, el comercio marítimo en las culturas clásicas no solo fue un motor económico, sino también un catalizador para la integración cultural y la innovación. A través de las olas del Mediterráneo, los griegos y romanos no solo intercambiaron bienes, sino que construyeron un mundo interconectado, cuya influencia resuena en el comercio y la economía global hasta nuestros días.

Segunda Parte: La Edad Media y el Comercio Marítimo

7 - Las rutas comerciales del mundo islámico

El mundo islámico, con su vasta extensión geográfica y su rica diversidad cultural, se convirtió en un centro neurálgico del comercio mundial durante la Edad Media. Desde el siglo VII hasta el XV, los comerciantes musulmanes no solo controlaron las rutas terrestres y marítimas más importantes, sino que también establecieron una economía global interconectada que abarcaba desde el Mediterráneo hasta el océano Índico y más allá, llegando incluso a las costas del Lejano Oriente y el África subsahariana. Estas rutas comerciales no solo facilitaron el intercambio de bienes materiales, sino que también actuaron como canales para la difusión de ideas, tecnología y conocimientos, consolidando la influencia del islam en diversas partes del mundo.

El comercio en el mundo islámico floreció en gran medida gracias a su ubicación estratégica. Las tierras bajo control musulmán se extendían desde la península ibérica en el oeste hasta las fronteras de China en el este, pasando por el norte de África, Oriente Medio y Persia. Este vasto territorio incluía regiones clave que conectaban las rutas terrestres de la Ruta de la Seda con las rutas marítimas del océano Índico y el mar Rojo. Estas conexiones hicieron del mundo islámico un puente esencial entre Oriente y Occidente, donde los bienes de lujo y las materias primas fluían continuamente.

Una de las principales rutas marítimas del mundo islámico se desarrolló en el océano Índico, uniendo las costas del este de África, la península Arábiga, Persia, la India y el sudeste asiático. Esta vasta red marítima se vio impulsada por la capacidad de los comerciantes musulmanes para navegar utilizando los vientos monzónicos, que facilitaban los viajes regulares y predecibles entre estas regiones. Los puertos de Zanzíbar, Mascate, Basora, Calcuta y Malaca se convirtieron en centros comerciales vibrantes donde se intercambiaban productos como especias, marfil, textiles, perlas, gemas, incienso y esclavos.

El mar Rojo y el Mediterráneo también jugaron un papel crucial en el comercio islámico. El mar Rojo, conectado al Mediterráneo a través de Egipto y el Nilo, permitió que los productos del océano Índico llegaran a Europa. Las ciudades portuarias como Alejandría, Adén y Jedda prosperaron como nodos comerciales que facilitaban el flujo de bienes entre los continentes. A través de estas rutas, especias, seda, azúcar y otros productos de lujo llegaban a los mercados europeos, mientras que bienes manufacturados y metales preciosos fluían en la dirección opuesta.

La expansión del islam y la consolidación de califatos como el omeya y el abasí también fomentaron un ambiente propicio para el comercio. Estas estructuras políticas establecieron un marco unificado que facilitaba los viajes y el comercio a través de vastas regiones. Además, la introducción del árabe como lengua franca del comercio y la administración redujo las barreras lingüísticas entre los comerciantes de diferentes orígenes. Las instituciones islámicas, como los contratos de sociedad (*mudaraba*) y las letras de cambio, proporcionaron herramientas financieras que hicieron más eficiente y seguro el comercio a larga distancia.

En el corazón del comercio islámico estaban los comerciantes musulmanes, cuya ética comercial estaba profundamente influida por los principios del islam. El Corán y las tradiciones del profeta Mahoma fomentaban la honestidad, la equidad y la confianza en los negocios, valores que ayudaron a construir relaciones comerciales duraderas. Además, el *zakat*, o impuesto caritativo obligatorio, vinculaba la prosperidad económica al bienestar social, promoviendo la redistribución de la riqueza y apoyando a las comunidades locales.

La importancia del comercio en el mundo islámico no solo se reflejaba en la riqueza material, sino también en el intercambio cultural y científico que facilitaba. Los comerciantes musulmanes llevaron consigo avances en matemáticas, astronomía, medicina y navegación, difundiendo estos conocimientos a lo largo de las rutas comerciales. Ciudades como Bagdad, Damasco y Córdoba se convirtieron en centros de aprendizaje y cultura, donde se traducían y preservaban textos antiguos y se generaban innovaciones que influirían en el mundo entero.

Las rutas comerciales islámicas también tuvieron un impacto significativo en África subsahariana. A través del comercio transahariano, los comerciantes musulmanes introdujeron bienes como sal, caballos y textiles en el África occidental, mientras exportaban oro, esclavos y marfil. Las ciudades-estado como Tombuctú y Gao se convirtieron en puntos clave del comercio y el aprendizaje islámico, atrayendo a eruditos y mercaderes de todo el mundo musulmán.

El mundo islámico no solo actuaba como intermediario en el comercio global, sino que también producía bienes de alta calidad que eran altamente valorados en los mercados internacionales. La cerámica persa, las alfombras tejidas a mano, los tejidos de seda de Damasco y los instrumentos científicos fabricados en Bagdad eran algunos de los productos que demostraban el alto nivel de artesanía y tecnología alcanzado en el mundo islámico.

A medida que el comercio islámico prosperaba, también surgieron desafíos. La piratería en el océano Índico y el mar Rojo, así como las rivalidades políticas entre diferentes califatos y dinastías, ocasionalmente interrumpían las rutas comerciales. Sin embargo, los comerciantes musulmanes demostraron una notable resiliencia, adaptándose a los cambios y encontrando nuevas rutas y mercados.

Con el tiempo, la llegada de los europeos a las rutas marítimas del océano Índico marcó un cambio significativo en la dinámica del comercio global. La exploración y colonización europeas alteraron el equilibrio de poder en las rutas comerciales, desplazando gradualmente a los comerciantes musulmanes como los actores principales del comercio marítimo. A pesar de ello, el legado del comercio islámico sigue siendo evidente en la interconexión cultural y económica que ayudaron a forjar.

Las rutas comerciales del mundo islámico no solo facilitaron el intercambio de bienes, sino que también actuaron como catalizadores para el desarrollo de civilizaciones enteras. A través del comercio, el mundo islámico tejió una red de relaciones que unieron continentes y culturas, dejando un impacto duradero en la historia económica, cultural y social de la humanidad.

8 - Expansión del comercio europeo: la Hansa y las ciudades portuarias

En la Edad Media, mientras Europa emergía de un período de fragmentación y descentralización tras la caída del Imperio Romano, el comercio marítimo comenzó a florecer en una escala sin precedentes. En este contexto, la Liga Hanseática, conocida comúnmente como la Hansa, se erigió como una de las alianzas comerciales más poderosas e influyentes de la historia europea. Este fenómeno, combinado con el auge de ciudades portuarias estratégicamente ubicadas, transformó las dinámicas económicas y sociales del continente, marcando un hito crucial en el desarrollo del comercio marítimo europeo.

La Hansa nació en el siglo XII como una red de asociaciones comerciales entre ciudades del norte de Europa, inicialmente centradas en Alemania y los territorios aledaños. Su propósito principal era proteger los intereses comerciales y asegurar rutas seguras en un período en el que la piratería y la inestabilidad política eran amenazas constantes. A lo largo de los siglos XIII y XIV, la Hansa creció hasta incluir más de 200 ciudades miembros, entre las que destacaban Lübeck, Hamburgo, Bremen, Danzig (actual Gdansk) y Riga. Estas ciudades, conectadas por su participación en la Liga, crearon un sistema comercial altamente organizado y eficiente que abarcaba desde el mar del Norte y el Báltico hasta los confines del Atlántico.

El poder de la Hansa residía en su capacidad para coordinar esfuerzos en la protección de rutas marítimas y en la negociación de privilegios comerciales con reinos y principados. Las ciudades hanseáticas establecieron acuerdos que les garantizaban derechos exclusivos de comercio, exenciones de impuestos y acceso a mercados locales en territorios extranjeros. Este sistema aseguraba un flujo constante de bienes como madera, pieles, grano, sal, pescado seco, textiles y metales, convirtiendo al norte de Europa en un eje comercial vital.

La infraestructura comercial de la Hansa también contribuyó significativamente a su éxito. Las ciudades miembros desarrollaron puertos eficientes con instalaciones para almacenamiento, carga y descarga de mercancías, y adoptaron innovaciones en la construcción naval, como los barcos tipo *cog*, que eran especialmente adecuados para el transporte de grandes volúmenes de bienes en las aguas poco profundas del Báltico y el mar del Norte. Además, los comerciantes hanseáticos utilizaron avanzados sistemas contables y financieros, que incluían letras de cambio y contratos de asociación, sentando las bases para prácticas mercantiles modernas.

Más allá de la Hansa, otras ciudades portuarias europeas desempeñaron un papel fundamental en la expansión del comercio marítimo. En Italia, ciudades como Venecia, Génova y Pisa se convirtieron en potencias comerciales que dominaron el Mediterráneo. Venecia, en particular, estableció una red comercial que conectaba Europa con el Levante, controlando el lucrativo comercio de especias, seda y productos de lujo provenientes de Oriente. Estas ciudades desarrollaron flotas mercantes altamente sofisticadas y mantuvieron relaciones diplomáticas con imperios como el bizantino y el otomano, asegurando su posición como intermediarias clave entre Oriente y Occidente.

En el Atlántico, ciudades como Lisboa y Sevilla comenzaron a emerger como centros comerciales dinámicos a finales de la Edad Media, sentando las bases para las expediciones marítimas que caracterizarían la Era de los Descubrimientos en los siglos posteriores. Mientras tanto, puertos ingleses como Londres y Bristol se integraron en las redes comerciales europeas, exportando lana y textiles y participando activamente en el comercio hanseático.

El impacto de la expansión comercial europea se extendió más allá de las transacciones económicas. Las ciudades portuarias se convirtieron en motores de innovación y cambio social, atrayendo a mercaderes, artesanos y trabajadores de diversas partes del continente. Estas urbes experimentaron un auge en la construcción de infraestructura, como almacenes, astilleros, canales y mercados, que no solo facilitaban el comercio, sino que también transformaban el paisaje urbano. Además, el comercio fomentó el intercambio cultural y la transferencia de conocimientos, ya que los mercaderes traían consigo ideas, tecnologías y costumbres de diferentes regiones.

Sin embargo, el auge del comercio marítimo europeo también estuvo marcado por rivalidades y conflictos. Las tensiones entre la Hansa y los reinos vecinos eran frecuentes, especialmente cuando los intereses comerciales chocaban con las aspiraciones políticas de monarcas locales. La competencia entre ciudades portuarias como Venecia y Génova a menudo derivaba en guerras navales, como la prolongada lucha por el control del comercio mediterráneo en los siglos XIII y XIV.

Con el tiempo, el dominio de la Hansa comenzó a declinar. Factores como el auge de los estados-nación centralizados, la aparición de nuevas rutas comerciales hacia América y Asia, y la creciente competencia de potencias marítimas emergentes, como Portugal y España, erosionaron la influencia de la Liga. A pesar de ello, el legado de la Hansa perduró, ya que sentó las bases para la integración económica y la cooperación transnacional en Europa.

En última instancia, la expansión del comercio europeo y el protagonismo de alianzas como la Hansa y las ciudades portuarias marcaron un período de transformación económica que moldeó el futuro del continente. Este sistema no solo permitió la acumulación de riqueza y el desarrollo de infraestructuras clave, sino que también fomentó la interconexión de culturas y el avance de conocimientos que influirían en el surgimiento del mundo moderno. La historia de la Hansa y de las ciudades portuarias europeas sigue siendo un testimonio de la capacidad del comercio marítimo para impulsar el progreso humano y construir puentes entre comunidades.

9 - Impacto de las Cruzadas en el comercio marítimo

Las Cruzadas, una serie de campañas militares impulsadas por la cristiandad europea entre los siglos XI y XIII, marcaron un período de profundos cambios en el comercio marítimo y el panorama económico del Mediterráneo y más allá. Aunque su motivación principal fue religiosa, estas expediciones transformaron significativamente las rutas comerciales, incentivaron el desarrollo de ciudades portuarias y dieron lugar a un intercambio cultural y económico sin precedentes entre Oriente y Occidente.

El punto de partida de las Cruzadas fue el llamado del Papa Urbano II en 1095, instando a los cristianos europeos a liberar Tierra Santa del control musulmán. Estas expediciones, que involucraron a reyes, nobles, caballeros y campesinos, dependieron en gran medida del transporte marítimo para mover ejércitos, suministros y recursos a través del Mediterráneo. Las potencias marítimas emergentes de Europa, como Venecia, Génova y Pisa, desempeñaron un papel central en esta empresa, proporcionando flotas y logística en intercambio por compensaciones financieras y beneficios comerciales.

El transporte marítimo durante las Cruzadas no solo facilitó el movimiento de tropas, sino que también generó un auge en la construcción naval. Las ciudades portuarias italianas comenzaron a producir embarcaciones más grandes y sofisticadas, como las galeras, que eran capaces de transportar tanto soldados como mercancías. Este incremento en la capacidad marítima no solo benefició a las Cruzadas, sino que también sentó las bases para un comercio más activo en el Mediterráneo.

Uno de los efectos más notables de las Cruzadas fue el acceso ampliado de los comerciantes europeos a los mercados de

Oriente. Durante las campañas, se establecieron contactos directos con regiones bajo control musulmán y bizantino, lo que permitió la introducción de bienes exóticos como especias, seda, joyas y alfombras a los mercados europeos. Estos productos, altamente valorados en Europa, incentivaron la creación de nuevas rutas comerciales y fortalecieron la economía marítima.

Las ciudades portuarias italianas aprovecharon esta oportunidad para consolidar su influencia. Venecia, en particular, se destacó como un intermediario clave entre Oriente y Occidente. Su posición estratégica en el Adriático le permitió establecer rutas comerciales directas hacia Tierra Santa y los principales puertos del Levante. A cambio de su apoyo logístico en las Cruzadas, los venecianos obtuvieron concesiones comerciales en ciudades como Acre, Alejandría y Constantinopla, asegurándose el acceso a productos de lujo y fortaleciendo su monopolio en el comercio mediterráneo.

Génova y Pisa también jugaron un papel crucial en esta expansión comercial. Ambas ciudades se beneficiaron enormemente de los privilegios comerciales adquiridos durante las Cruzadas, estableciendo colonias mercantiles en puertos estratégicos del Mediterráneo oriental. Estas colonias no solo servían como puntos de intercambio de bienes, sino que también facilitaban el flujo de información y tecnología entre Oriente y Occidente.

El saqueo de Constantinopla durante la Cuarta Cruzada en 1204 marcó un punto de inflexión en el comercio marítimo y las relaciones entre Oriente y Occidente. Aunque inicialmente las Cruzadas pretendían reforzar la cooperación cristiana, el saqueo de la capital bizantina por parte de los cruzados, instigado en gran medida por los intereses venecianos, fracturó las relaciones entre las iglesias latina y ortodoxa. Para Venecia, sin embargo, este evento representó una ganancia estratégica significativa, ya que le permitió acceder a una mayor parte del comercio del Mediterráneo oriental y obtener valiosos botines culturales y económicos.

El impacto de las Cruzadas también se extendió al norte de Europa. La demanda de productos orientales estimuló el crecimiento de rutas comerciales que conectaban los mercados mediterráneos con regiones como Flandes, Inglaterra y el Báltico. Mercaderes del norte comenzaron a integrarse en las redes comerciales creadas por las ciudades portuarias del sur, facilitando la distribución de bienes exóticos a través de Europa y contribuyendo al crecimiento económico en múltiples regiones.

Más allá del comercio de bienes materiales, las Cruzadas también fomentaron un intercambio cultural y tecnológico que dejó una huella duradera en el comercio marítimo europeo. Los contactos con el mundo islámico introdujeron a los europeos a innovaciones como la brújula, mapas más precisos y técnicas avanzadas de construcción naval. Estas herramientas y conocimientos transformaron la navegación, permitiendo a los europeos explorar nuevas rutas y expandir sus actividades comerciales en los siglos posteriores.

Sin embargo, el impacto de las Cruzadas en el comercio marítimo no estuvo exento de desafíos. Las campañas militares impusieron costos significativos a los reinos europeos, y muchos nobles recurrieron a la venta de tierras y títulos para financiar su participación. Esta dinámica llevó a una redistribución del poder económico hacia las ciudades portuarias y los comerciantes, que comenzaron a desempeñar un papel más prominente en la economía europea.

A medida que las Cruzadas llegaron a su fin en el siglo XIII, su legado en el comercio marítimo perduró. La integración de Europa en las redes comerciales mediterráneas se había profundizado, y las ciudades portuarias italianas habían consolidado su posición como intermediarias clave en el flujo de bienes entre Oriente y Occidente. Este período también marcó el inicio de una transformación más amplia, que culminaría en la Era de los Descubrimientos y la expansión global del comercio marítimo en los siglos siguientes.

10 - Exploraciones vikingas y su influencia comercial

Entre los siglos VIII y XI, los vikingos dejaron una marca indeleble en la historia de Europa y más allá, no solo como temidos guerreros y exploradores, sino también como comerciantes hábiles y conectores culturales. Su capacidad para navegar grandes distancias en embarcaciones excepcionalmente diseñadas les permitió explorar, comerciar y establecer rutas comerciales que conectaron regiones tan distantes como Escandinavia, el Mediterráneo, el Atlántico norte y las tierras de lo que hoy conocemos como Rusia. Estas exploraciones no solo influyeron en el desarrollo económico de las regiones que alcanzaron, sino que también fomentaron el intercambio de bienes, ideas y tecnologías, sentando las bases para un comercio marítimo más interconectado.

El motor de las exploraciones vikingas fue su extraordinaria habilidad náutica. Los barcos vikingos, conocidos como drakkars y knarrs, eran innovaciones tecnológicas que combinaban velocidad, maniobrabilidad y resistencia. Estas embarcaciones podían navegar tanto en aguas costeras como en ríos interiores, lo que les permitía acceder a regiones que otros comerciantes y exploradores no podían alcanzar. La construcción ligera de los barcos, junto con su diseño simétrico, permitía a los vikingos remontar ríos, atravesar mares tormentosos y realizar desembarcos rápidos en costas remotas.

Desde su base en Escandinavia, los vikingos comenzaron a expandirse hacia el oeste, alcanzando las Islas Británicas, Irlanda y más tarde Groenlandia e incluso América del Norte, donde establecieron asentamientos temporales como Vinland. En sus incursiones hacia el este, se aventuraron por los ríos de Europa del Este, como el Dniéper y el Volga, abriendo rutas comerciales hacia el Mar Negro y el Caspio. Estas rutas conectaron

Escandinavia con el Imperio Bizantino y los califatos islámicos, creando un puente entre el norte de Europa y el mundo mediterráneo y asiático.

El comercio desempeñó un papel crucial en las exploraciones vikingas. A diferencia de la imagen popular que los retrata exclusivamente como saqueadores, los vikingos eran comerciantes sofisticados que buscaban activamente bienes de lujo y recursos naturales. Entre los productos que intercambiaban se encontraban pieles, marfil de morsa, ámbar, miel, pescado seco, hierro y armas, que exportaban desde Escandinavia. A cambio, obtenían bienes exóticos como seda, especias, vidrio, monedas de plata y productos manufacturados, que luego llevaban de regreso a sus tierras natales.

Una de las rutas comerciales más importantes que establecieron los vikingos fue la llamada "ruta del este", que conectaba el Mar Báltico con Constantinopla, pasando por los ríos de Rusia. En esta ruta, los comerciantes vikingos, conocidos como varegos, desempeñaron un papel fundamental en el comercio entre el norte de Europa, el mundo bizantino y el islámico. Constantinopla, la capital del Imperio Bizantino, era un destino codiciado para los vikingos debido a su riqueza y posición estratégica. Allí, no solo comerciaban bienes, sino que también servían como mercenarios en la famosa Guardia Varega del emperador bizantino.

Otro aspecto importante del comercio vikingo fue el establecimiento de asentamientos permanentes en regiones clave. En las Islas Británicas, por ejemplo, fundaron ciudades como Dublín, que se convirtió en un importante centro comercial en Irlanda. En el este, fundaron asentamientos que eventualmente se transformaron en grandes ciudades, como Kiev y Novgorod. Estas ciudades no solo servían como puntos de intercambio, sino también como centros administrativos y culturales que facilitaban el comercio y el contacto entre diferentes culturas.

La influencia comercial de los vikingos también se extendió al Atlántico norte. En sus viajes hacia Islandia, Groenlandia y América del Norte, llevaron productos europeos y trajeron recursos locales como madera, pieles y marfil de morsa. Estos recursos, especialmente el marfil, eran muy valorados en Europa y desempeñaron un papel importante en la economía vikinga.

Además de bienes materiales, las exploraciones vikingas fomentaron un intercambio cultural significativo. A través del comercio y el contacto con otras civilizaciones, los vikingos adoptaron y difundieron tecnologías, ideas y prácticas culturales. Por ejemplo, la adopción del cristianismo por parte de los escandinavos fue en gran parte facilitada por su contacto con comerciantes y misioneros de Europa occidental. Asimismo, los vikingos llevaron conocimientos náuticos avanzados a las regiones que exploraron, influenciando el desarrollo de la navegación en Europa y más allá.

El impacto comercial de las exploraciones vikingas no se limitó a su tiempo. Las rutas que establecieron y las ciudades que fundaron continuaron siendo importantes centros de comercio mucho después de que la era vikinga llegara a su fin. Las redes comerciales que conectaron el Báltico con el mundo mediterráneo y asiático sentaron las bases para el comercio global en los siglos posteriores.

En última instancia, las exploraciones vikingas demostraron cómo el comercio marítimo podía ser una fuerza transformadora, no solo en términos económicos, sino también culturales y sociales. Los vikingos, a través de sus viajes y actividades comerciales, no solo conectaron regiones distantes, sino que también crearon un legado de intercambio e innovación que dejó una marca duradera en la historia del comercio marítimo.

Tercera Parte: Era de los Descubrimientos y Expansión Global

## 11 - Portugal y España: pioneros en la exploración marítima

La Era de los Descubrimientos, que abarcó los siglos XV y XVI, marcó uno de los periodos más transformadores en la historia del comercio marítimo y la expansión global. En el centro de este fenómeno se encontraban dos potencias ibéricas: Portugal y España. Impulsadas por el deseo de explorar nuevas rutas comerciales, expandir su influencia religiosa y obtener riquezas, ambas naciones lideraron un movimiento que cambiaría para siempre la comprensión geográfica del mundo y establecería los cimientos de una economía verdaderamente global.

Portugal fue la primera en iniciar esta era de exploración marítima. Desde principios del siglo XV, bajo el liderazgo del príncipe Enrique el Navegante, se llevaron a cabo importantes avances en tecnología náutica, cartografía y exploración. Enrique estableció una escuela de navegación en Sagres, donde científicos, cartógrafos y marineros trabajaron juntos para perfeccionar el astrolabio, la brújula y los mapas náuticos. Gracias a estos avances, los navegantes portugueses pudieron aventurarse más allá de las aguas familiares del Mediterráneo y el Atlántico cercano.

El primer objetivo de Portugal era explorar la costa africana. En 1419, los navegantes portugueses llegaron a Madeira, y en 1434, Gil Eanes cruzó el Cabo Bojador, desafiando las supersticiones de la época que lo consideraban el "límite del mundo". Esto marcó el inicio de una serie de expediciones que llevaron a los portugueses cada vez más al sur, hasta alcanzar la costa occidental de África. A medida que avanzaban, establecieron bases comerciales y puntos de reabastecimiento en lugares estratégicos, como las islas de Cabo Verde y São Tomé.

El logro culminante de la exploración africana fue el viaje de Bartolomé Díaz en 1488, cuando se convirtió en el primer europeo en doblar el Cabo de Buena Esperanza en el extremo sur de África, abriendo una ruta hacia el Océano Índico. Poco después, Vasco da Gama consolidó este logro al llegar a la India en 1498, estableciendo una conexión directa entre Europa y las lucrativas rutas comerciales de especias del océano Índico. Esto permitió a Portugal controlar una parte significativa del comercio global de especias, compitiendo con las rutas terrestres dominadas por los imperios islámicos y la República de Venecia.

El imperio portugués continuó expandiéndose a lo largo de Asia y África. Se establecieron enclaves comerciales en Goa, Malaca y Macao, consolidando su influencia en la región. Este control les permitió monopolizar el comercio de especias, sedas y porcelanas, enriqueciéndose enormemente y convirtiendo a Lisboa en uno de los centros comerciales más importantes de Europa.

España desempeñó un papel central en la Era de los Descubrimientos, destacándose no solo por sus exploraciones hacia el oeste, sino también por su capacidad para transformar el mundo a través del comercio, la conquista y la integración de nuevas culturas en un sistema global. Mientras que Portugal centró sus esfuerzos en el establecimiento de rutas marítimas hacia Asia y África, España se posicionó como la principal exploradora y colonizadora del Nuevo Mundo, estableciendo un vasto imperio que dejó un impacto profundo y duradero en la historia mundial.

El evento que definió el inicio de la expansión marítima española fue el viaje de Cristóbal Colón en 1492. Patrocinado por los Reyes Católicos, Colón buscaba una ruta hacia las Indias orientales navegando hacia el oeste. Aunque sus cálculos subestimaron enormemente el tamaño del planeta, este error llevó al descubrimiento accidental de América. A pesar de no haber encontrado una ruta directa hacia Asia, el hallazgo del Nuevo Mundo ofreció a España oportunidades económicas y territoriales de un alcance sin precedentes.

Colón realizó un total de cuatro viajes al Nuevo Mundo, explorando partes del Caribe y la costa de América Central y del Sur. Aunque no entendió completamente la magnitud de su descubrimiento, sus expediciones abrieron el camino para posteriores exploradores españoles, quienes expandieron su influencia a lo largo de las Américas.

Una vez establecida la presencia española en América, comenzó un proceso sistemático de exploración, conquista y colonización. Los conquistadores españoles, motivados por la búsqueda de riquezas, prestigio personal y el deseo de expandir el cristianismo, emprendieron campañas que transformaron completamente el continente.

Hernán Cortés lideró la conquista del Imperio azteca entre 1519 y 1521, utilizando una combinación de alianzas estratégicas con tribus locales, superioridad tecnológica y la propagación de enfermedades como la viruela, que devastaron a las poblaciones indígenas. De manera similar, Francisco Pizarro dirigió la conquista del Imperio inca en Sudamérica en 1532, aprovechando divisiones internas y utilizando tácticas militares que le permitieron someter rápidamente a una de las civilizaciones más avanzadas del mundo precolombino.

Estas conquistas proporcionaron a España vastos recursos en forma de oro, plata y otras riquezas naturales. La mina de Potosí, descubierta en 1545, se convirtió en una de las fuentes más importantes de plata en el mundo, generando una riqueza que impulsó la economía española y europea durante siglos.

La expansión española no solo implicó la conquista territorial, sino también la creación de un sistema administrativo y económico para gestionar los vastos recursos del Nuevo Mundo. España estableció virreinatos, como el de Nueva España (México) y el del Perú, para gobernar estos territorios. Estos virreinatos estaban dirigidos por virreyes que actuaban como representantes directos del monarca español, asegurando que las decisiones tomadas en la península fueran implementadas en las colonias.

En términos económicos, España desarrolló un sistema extractivo que buscaba maximizar los beneficios derivados de los recursos naturales de América. Las encomiendas y las haciendas fueron estructuras clave que organizaron la producción agrícola y minera, utilizando el trabajo forzado de la población indígena. Aunque este sistema generó enormes riquezas para España, también resultó en la explotación y el sufrimiento de millones de personas.

El comercio transatlántico se organizó a través de un sistema altamente regulado que incluía flotas protegidas por galeones armados. La Casa de Contratación, con sede en Sevilla, supervisaba todo el comercio entre España y sus colonias, asegurándose de que los ingresos fluyeran hacia la Corona y minimizando la competencia de otras potencias europeas.

La expansión española también trajo consigo un impacto cultural significativo. A través de la evangelización, los misioneros españoles buscaron convertir a la población indígena al cristianismo, un proceso que implicó tanto la construcción de iglesias y monasterios como la imposición de nuevas estructuras sociales y religiosas. En muchos casos, las creencias y tradiciones indígenas fueron subsumidas dentro de prácticas cristianas, creando una fusión cultural única.

Además, España introdujo instituciones educativas y legales en el Nuevo Mundo, estableciendo universidades como la de Santo Domingo (1538), la de México (1551) y la de Lima (1551). Estas instituciones desempeñaron un papel clave en la difusión de la cultura y el conocimiento europeos, a la vez que contribuyeron a la formación de una élite criolla que eventualmente desempeñaría un papel crucial en los movimientos de independencia.

Aunque el foco principal de la exploración y expansión española fue América, la llegada a Asia a través de la expedición de Fernando de Magallanes y Juan Sebastián Elcano en 1519-1522 marcó otro hito importante. Esta expedición, la primera en circunnavegar el mundo, no solo demostró la conectividad global, sino que también abrió el camino para el establecimiento de rutas comerciales entre América y Asia.

El Galeón de Manila, que operó desde 1565 hasta 1815, conectaba Filipinas con el puerto de Acapulco en Nueva España. Este comercio transoceánico facilitó el intercambio de bienes como la seda y la porcelana chinas, las especias del sudeste asiático y la plata americana. Este sistema no solo enriqueció a España, sino que también integró aún más las economías de Europa, América y Asia.

Aunque España disfrutó de un dominio significativo durante los siglos XVI y XVII, enfrentó varios desafíos que eventualmente erosionaron su hegemonía. La riqueza generada por el comercio y la minería llevó a una dependencia excesiva de los metales preciosos, fomentando la inflación y debilitando la economía doméstica. Además, los costos de mantener un vasto imperio, junto con conflictos militares continuos en Europa, drenaron los recursos de la Corona.

Otras potencias europeas, como Inglaterra y los Países Bajos, comenzaron a desafiar la supremacía marítima y comercial de España, utilizando sus propias flotas y colonias para establecer redes comerciales competitivas. La derrota de la Armada Invencible en 1588 marcó simbólicamente el inicio del declive del poder naval español.

A pesar de estos desafíos, el impacto de España como pionera en la exploración marítima y la construcción de un sistema globalizado es innegable. Las rutas comerciales que estableció conectaron continentes y fomentaron un intercambio cultural y económico sin precedentes. Las lenguas, las religiones y las tradiciones llevadas por los exploradores y colonizadores españoles aún resuenan en vastas regiones del mundo, especialmente en América Latina y Filipinas.

El impulso explorador y el espíritu de innovación que definieron a España durante la Era de los Descubrimientos dejaron una huella profunda en la historia de la humanidad, moldeando el mundo moderno de maneras que siguen siendo evidentes hoy.

Para evitar conflictos entre las dos potencias ibéricas, en 1494 se firmó el Tratado de Tordesillas. Este acuerdo, negociado con la mediación del Papa, dividió el mundo entre Portugal y España mediante una línea imaginaria que atravesaba el Atlántico. Las tierras al oeste de esta línea fueron asignadas a España, mientras que las tierras al este quedaron bajo el control de Portugal. Este tratado consolidó las áreas de influencia de ambas naciones, permitiendo a cada una centrarse en sus respectivas exploraciones sin interferencias.

Tanto España como Portugal se beneficiaron enormemente de los avances tecnológicos de la época. La carabela, una embarcación rápida y maniobrable, fue una invención clave que permitió a los exploradores realizar viajes largos y desafiantes. Además, el perfeccionamiento de los mapas náuticos y la introducción del cuadrante y el astrolabio mejoraron la capacidad de los marineros para navegar con precisión.

En términos organizativos, ambos países desarrollaron sistemas administrativos para gestionar sus imperios ultramarinos. Portugal estableció una red de fortalezas y enclaves comerciales que les permitió controlar rutas estratégicas. España, por su parte, implementó el sistema de virreinatos y audiencias para gobernar sus vastos territorios en el Nuevo Mundo.

La expansión marítima de Portugal y España transformó el comercio global de una manera sin precedentes. Antes de la Era de los Descubrimientos, el comercio estaba limitado principalmente a redes regionales, como las rutas terrestres de la Ruta de la Seda y las rutas marítimas del Mediterráneo. Con las exploraciones ibéricas, el comercio se volvió verdaderamente intercontinental.

Portugal conectó Europa con África y Asia, estableciendo una red que abarcaba desde las especias de la India hasta las sedas de China. España, por otro lado, creó un sistema transatlántico que unía Europa, las Américas y Asia a través del Galeón de Manila, que transportaba plata desde México a Filipinas a cambio de bienes asiáticos.

El impacto de estas exploraciones fue transformador no solo para Europa, sino también para las regiones con las que interactuaron. Las economías locales en África, Asia y América se integraron en un sistema comercial global, aunque a menudo bajo términos desiguales impuestos por las potencias europeas.

El legado de Portugal y España como pioneros en la exploración marítima es incuestionable. Sentaron las bases para el sistema de comercio global que conocemos hoy y marcaron el inicio de un período de expansión europea que moldeó la historia del mundo moderno. Aunque su dominio marítimo fue eventualmente desafiado por otras potencias como Inglaterra y Holanda, el impacto de sus logros continúa siendo una parte esencial de la historia del comercio marítimo y la globalización.

En última instancia, la ambición, la innovación y la determinación de Portugal y España en la Era de los Descubrimientos no solo redefinieron el comercio, sino también la forma en que las civilizaciones interactúan, colaboran y compiten en el escenario global.

# 12 - Colonias, comercio y poder: monopolios europeos

El período comprendido entre los siglos XVI y XVIII estuvo marcado por la consolidación de las colonias europeas y la creciente influencia del comercio marítimo como eje central del poder económico y político. Durante esta era, las principales potencias europeas, entre ellas España, Portugal, Inglaterra, Francia y los Países Bajos, establecieron vastos imperios coloniales que buscaban explotar los recursos de los territorios conquistados, controlar las rutas marítimas estratégicas y monopolizar el comercio global. Estas actividades no solo transformaron las economías de Europa y sus colonias, sino que también sentaron las bases del sistema capitalista moderno.

El concepto de monopolio fue esencial para las políticas comerciales de las potencias europeas durante esta época. Los estados buscaban garantizar que los beneficios del comercio colonial fluyeran exclusivamente hacia sus economías nacionales. Este enfoque estaba respaldado por la teoría mercantilista, que consideraba que la riqueza de una nación dependía de su capacidad para acumular metales preciosos y que el comercio debía ser estrictamente regulado para favorecer a la metrópoli.

Para garantizar el control absoluto sobre el comercio, las potencias europeas establecieron monopolios comerciales mediante compañías privilegiadas, como la Compañía Británica de las Indias Orientales, la Compañía Holandesa de las Indias Orientales y la Compañía Francesa de las Indias Orientales. Estas entidades recibían cartas reales que les otorgaban derechos exclusivos para comerciar en determinadas regiones, establecer puestos comerciales y, en muchos casos, ejercer funciones de gobierno en las colonias.

El comercio triangular fue una de las estructuras más representativas de esta época. Este sistema conectaba Europa, África y América en una red comercial que involucraba la exportación de bienes manufacturados europeos hacia África, el transporte de esclavos africanos hacia América y la importación de materias primas coloniales, como azúcar, tabaco, algodón y café, hacia Europa. Este modelo no solo enriqueció a las potencias coloniales, sino que también contribuyó a la consolidación de la economía global, aunque a un costo humano devastador.

Las colonias desempeñaban un papel central como fuentes de materias primas y mercados cautivos. En América Latina, España explotaba minas de plata como las de Potosí, cuya producción financió no solo la expansión del imperio español, sino también los conflictos bélicos en Europa. En el Caribe, las plantaciones de azúcar, controladas principalmente por Inglaterra y Francia, se convirtieron en pilares de las economías coloniales. En Asia, las especias, la seda y el té dominaban el comercio, con los Países Bajos e Inglaterra compitiendo ferozmente por el control de las rutas hacia el sudeste asiático y China.

La expansión colonial y el comercio marítimo intensificaron las rivalidades entre las potencias europeas, lo que resultó en numerosos conflictos armados tanto en Europa como en las colonias. Las guerras anglo-holandesas del siglo XVII, por ejemplo, fueron una serie de enfrentamientos navales que buscaban definir la supremacía comercial y marítima. De manera similar, las guerras entre Inglaterra y Francia, como la Guerra de los Siete Años (1756-1763), determinaron el dominio de vastos territorios en América del Norte, el Caribe y la India.

Estas luchas no solo se libraron con ejércitos y flotas navales, sino también mediante estrategias comerciales. Las potencias europeas emplearon bloqueos, ataques a flotas mercantes rivales y acuerdos diplomáticos para proteger sus intereses comerciales. El Tratado de Utrecht (1713), que puso fin a la Guerra de Sucesión Española, redistribuyó territorios coloniales y otorgó a Inglaterra el derecho exclusivo de participar en el comercio de esclavos en las colonias españolas mediante el asiento de negros, consolidando aún más el sistema de monopolios europeos.

Los puertos europeos se convirtieron en centros neurálgicos del comercio global. Ciudades como Sevilla, Ámsterdam, Londres y Burdeos prosperaron gracias a su posición estratégica y su capacidad para gestionar el flujo de bienes desde y hacia las colonias. Estas ciudades no solo almacenaban y distribuían productos coloniales, sino que también fomentaban la innovación financiera, como el desarrollo de seguros marítimos, bolsas de valores y sistemas de crédito, que facilitaron el crecimiento del comercio.

Por ejemplo, Ámsterdam emergió como el principal centro financiero y comercial de Europa durante el siglo XVII, respaldada por la Compañía Holandesa de las Indias Orientales. Su red global de comercio marítimo y sus avanzadas instituciones financieras permitieron a los Países Bajos competir con potencias más grandes, como España y Francia. Por otro lado, Londres se consolidó en el siglo XVIII como el corazón del imperio británico, beneficiándose enormemente del comercio de esclavos y las plantaciones caribeñas.

El sistema colonial y los monopolios comerciales tuvieron profundos efectos en las sociedades coloniales y europeas. En las colonias, la explotación de recursos naturales y humanos condujo a una transformación radical de las economías locales. La imposición de sistemas agrícolas intensivos, como las plantaciones, desplazó a las economías tradicionales y causó daños irreparables al medio ambiente.

El comercio transatlántico de esclavos fue quizás el aspecto más oscuro de esta época. Millones de africanos fueron capturados, transportados en condiciones inhumanas y forzados a trabajar en las colonias, especialmente en las plantaciones de América. Este sistema no solo devastó a las comunidades africanas, sino que también creó jerarquías raciales y desigualdades que perduran hasta hoy.

En Europa, la acumulación de riqueza colonial impulsó la revolución comercial y preparó el terreno para la revolución industrial. La disponibilidad de materias primas baratas, como el algodón, y los mercados asegurados por los monopolios coloniales facilitaron el desarrollo de nuevas tecnologías y métodos de producción. Sin embargo, esta riqueza también exacerbó las desigualdades sociales, ya que los beneficios del comercio colonial se concentraron en manos de una élite mercantil y aristocrática.

A medida que avanzaba el siglo XVIII, los monopolios europeos comenzaron a enfrentarse a crecientes desafíos. La revolución industrial, el auge del liberalismo económico y las demandas de independencia en las colonias socavaron la viabilidad de los sistemas mercantilistas. La creciente competencia entre potencias europeas también dificultó el mantenimiento de monopolios exclusivos.

El pensamiento económico de figuras como Adam Smith abogó por el libre comercio como una alternativa más eficiente y equitativa al sistema monopolista. Este cambio de paradigma, junto con las revoluciones políticas en América y Europa, marcó el inicio del fin de los imperios coloniales tradicionales y el surgimiento de una nueva era de comercio global.

El impacto de los monopolios coloniales en la historia global es profundo y duradero. Si bien fomentaron la expansión económica y la integración de los continentes, también dejaron un legado de desigualdad, explotación y conflictos que sigue siendo objeto de análisis y reflexión. En última instancia, las políticas de colonización y monopolio comercial moldearon el mundo moderno, estableciendo tanto las oportunidades como los desafíos que definen la economía global actual.

13 - La trata transatlántica de esclavos y su impacto económico

La trata transatlántica de esclavos, considerada desde una perspectiva puramente económica y material, fue uno de los sistemas comerciales más rentables y sostenibles para las potencias europeas durante más de tres siglos. En aquel contexto, los esclavos no eran considerados como personas, sino como bienes de capital y mercancías esenciales para el desarrollo y la expansión de los imperios coloniales. Esta deshumanización fue central para el funcionamiento del comercio transatlántico, que se estructuró sobre la base de maximizar beneficios y minimizar costos en cada etapa del proceso.

El sistema triangular que sustentaba este comercio tenía una eficiencia comercial notable. En Europa, se fabricaban productos manufacturados como textiles, armas, herramientas y artículos de vidrio que eran exportados a África. Estos bienes, de bajo costo relativo para los productores europeos, se intercambiaban con comerciantes africanos por esclavos, quienes eran capturados en incursiones militares, conflictos internos o comprados a líderes locales. En este sistema, los esclavos no solo eran un producto comercializado, sino también una inversión con un potencial de retorno extremadamente alto, puesto que sus vidas y trabajo generarían riqueza en las colonias durante años, si no décadas.

El transporte de los esclavos desde África hacia América, conocido como el "paso medio," era una operación diseñada para maximizar la capacidad de carga de los barcos y, por ende, la rentabilidad del viaje. Las condiciones en los barcos esclavistas, aunque inhumanas, estaban calculadas para minimizar costos. Los propietarios de los barcos invertían en la cantidad mínima necesaria de agua y alimentos para mantener vivos al mayor número posible de esclavos, conscientes de que cada pérdida representaba una disminución directa de sus ganancias. Aunque las tasas de mortalidad podían ser altas, los beneficios derivados de vender esclavos en las Américas solían compensar cualquier pérdida.

Una vez en las Américas, los esclavos se vendían en mercados locales o regionales a precios que, en algunos casos, podían ser diez o veinte veces superiores al costo de adquisición en África. Este margen de ganancia era especialmente lucrativo para los comerciantes, quienes solían recibir pagos en forma de materias primas valiosas como azúcar, tabaco, algodón o metales preciosos. Estas materias primas eran luego transportadas de regreso a Europa, completando así el triángulo comercial. El ciclo aseguraba una fuente continua de ingresos para las potencias europeas y las élites involucradas, quienes reinvertían parte de sus beneficios en nuevas expediciones.

El impacto económico de la trata de esclavos iba más allá de las colonias americanas. Las principales ciudades portuarias europeas como Liverpool, Nantes, Bristol y Ámsterdam prosperaron gracias a su participación en este comercio. Estas ciudades no solo se beneficiaron del tráfico de esclavos, sino también de las industrias asociadas, como la construcción naval, la producción de bienes exportados a África y la refinación de materias primas importadas desde las colonias. Por ejemplo, el azúcar producido en las plantaciones esclavistas del Caribe alimentó una próspera industria de refinación en Europa, mientras que el algodón cultivado en las colonias estadounidenses se convirtió en la base de la revolución textil británica.

Desde el punto de vista financiero, la trata de esclavos fue un motor de desarrollo económico en Europa. Los beneficios generados por este comercio financiaron instituciones bancarias, aseguradoras y redes comerciales internacionales. Las aseguradoras desempeñaron un papel crucial al proporcionar cobertura para las pérdidas en caso de naufragios, rebeliones de esclavos o mortalidad en el viaje, convirtiéndose en actores indispensables en la gestión del riesgo comercial. Al mismo tiempo, los bancos ofrecían crédito a comerciantes y armadores para financiar expediciones, extendiendo el alcance y la escala de las operaciones comerciales.

En las colonias, los esclavos eran considerados activos productivos esenciales para la economía. Su trabajo generaba retornos sustanciales en industrias clave como la caña de azúcar, el algodón, el tabaco y el café, todos productos que tenían una alta demanda en los mercados europeos. Las plantaciones operaban con márgenes de beneficio elevados, ya que los costos laborales eran mínimos al depender exclusivamente de la explotación de los esclavos. Este modelo de negocio permitió que los propietarios de plantaciones acumularan grandes fortunas, que en muchos casos se reinvertían en la adquisición de más esclavos y la expansión de las plantaciones.

Las cifras económicas ilustran el alcance de la trata transatlántica. Se estima que durante su apogeo, el comercio de esclavos representaba una parte significativa del comercio total entre Europa, África y las Américas. Solo en el siglo XVIII, más de 6 millones de esclavos fueron transportados al Nuevo Mundo, lo que generó miles de millones de dólares en términos actuales para los participantes en el sistema. La escala y la organización del comercio esclavista también contribuyeron a la creación de redes globales de comercio e intercambio que perduraron más allá de la abolición de la esclavitud.

En última instancia, la trata transatlántica de esclavos fue una empresa económica colosal que no solo transformó el panorama económico de Europa y las Américas, sino que también dejó un legado que sigue siendo evidente en las desigualdades económicas y sociales contemporáneas. En aquel tiempo, sin embargo, era vista por muchos de sus participantes como una máquina económica eficiente, que proporcionaba riqueza y poder a los imperios europeos mientras explotaba despiadadamente los recursos humanos y materiales de África y las Américas.

14 - La Compañía Holandesa de las Indias Orientales: el modelo de corporación multinacional

La Vereenigde Oostindische Compagnie (VOC, por sus siglas en neerlandés), fundada en 1602, representa un hito en la historia económica mundial al ser la primera corporación multinacional y una de las entidades comerciales más poderosas jamás creadas. La VOC no solo revolucionó el comercio global, sino que también sentó las bases para el capitalismo moderno, estableciendo prácticas como la emisión de acciones, la diversificación de riesgos y la gestión profesionalizada de una empresa de gran escala. Su modelo de negocio y su capacidad para combinar poder comercial, político y militar redefinieron la forma en que los imperios europeos interactuaron con el resto del mundo.

Desde su inicio, la VOC fue concebida como una respuesta estratégica a la creciente competencia comercial en Asia. En las últimas décadas del siglo XVI, los comerciantes holandeses buscaban competir con los portugueses, quienes hasta entonces habían dominado el lucrativo comercio de especias en el Océano Índico. Sin embargo, las expediciones individuales demostraron ser demasiado costosas y arriesgadas para competir eficazmente. La solución fue la creación de una entidad unificada que consolidara los esfuerzos comerciales de varias ciudades holandesas, bajo un esquema de financiación colectiva.

La VOC fue pionera en la emisión de acciones como forma de financiar sus operaciones. Este sistema permitió a inversionistas privados, desde comerciantes ricos hasta ciudadanos comunes, comprar participaciones en la compañía. A cambio, recibían una parte proporcional de los beneficios generados. Este modelo de financiación no solo democratizó el acceso al comercio global, sino que también permitió a la VOC reunir enormes cantidades de capital inicial, que utilizó para construir una flota formidable de barcos, establecer bases comerciales y financiar operaciones militares en Asia. La creación de un mercado de valores en Ámsterdam, donde se compraban y vendían acciones de la VOC, marcó el nacimiento de las bolsas de valores modernas.

La estructura organizativa de la VOC era igualmente innovadora. Operaba como una empresa semipública, con un monopolio otorgado por los Estados Generales de los Países Bajos para comerciar en Asia. A cambio, la VOC estaba autorizada a establecer bases, firmar tratados, acuñar moneda e incluso librar guerras en nombre de la república holandesa. Esta mezcla de funciones comerciales y soberanas le permitió actuar como un estado dentro de otro estado, con una autonomía que pocas empresas en la historia han disfrutado.

El enfoque principal de la VOC fue el comercio de especias, especialmente clavo, nuez moscada, pimienta y canela, productos altamente valorados en Europa por su uso en la conservación de alimentos, la medicina y la cocina. Las Islas Molucas, en el actual Indonesia, se convirtieron en el epicentro de sus operaciones, gracias a su riqueza en estas especias. La VOC estableció un control casi absoluto sobre estas islas mediante una combinación de alianzas estratégicas con líderes locales, tácticas militares agresivas y la creación de un sistema de comercio cerrado. Controlar la producción y distribución de especias le permitió a la VOC manipular los precios y maximizar sus beneficios.

La capacidad de la VOC para operar a escala global fue otro de sus logros notables. Su red comercial conectaba Europa, Asia y África, con bases importantes en lugares como Batavia (actual Yakarta), el Cabo de Buena Esperanza y Nagasaki. Desde estas posiciones, la VOC no solo comerciaba especias, sino también otros productos valiosos como textiles indios, porcelana china, té y café. Este comercio diversificado la convirtió en una de las organizaciones más rentables de su tiempo, con un valor estimado que en términos actuales superaría con creces el de las corporaciones contemporáneas más grandes.

La VOC también utilizó su poder económico para influir en la política local y regional en Asia. En muchos casos, su estrategia era imponer un control directo sobre regiones clave para garantizar el suministro de bienes. En otros, utilizaba sobornos, diplomacia y alianzas estratégicas para establecer su dominio. No dudaba en utilizar la fuerza militar para eliminar a competidores, ya fueran europeos, asiáticos o locales. Por ejemplo, en las Molucas, la VOC implementó políticas de exclusividad que incluían la destrucción de cultivos que no se destinaban al comercio con ellos, una medida que aseguraba su control total sobre los recursos.

Desde el punto de vista económico, la VOC no solo generó enormes beneficios para sus inversionistas, sino que también transformó el comercio global. Introdujo prácticas como la contabilidad profesional y la gestión centralizada, que permitieron un control más eficiente de sus operaciones. Además, su red comercial global fomentó el intercambio de bienes, tecnología e ideas entre culturas, sentando las bases para la globalización moderna.

Sin embargo, este éxito tuvo un costo humano y ambiental considerable. Las políticas de monopolio de la VOC a menudo resultaban en la explotación y el desplazamiento de comunidades locales. La extracción intensiva de recursos, combinada con la destrucción de cultivos y ecosistemas locales, tuvo un impacto duradero en las regiones donde operaba. A pesar de su impacto transformador en el comercio y la economía, la VOC también dejó un legado de desigualdad y dependencia económica en muchas partes de Asia.

El declive de la VOC comenzó en el siglo XVIII, cuando una combinación de mala gestión, corrupción y competencia creciente de otras potencias europeas debilitó su posición. A medida que los costos operativos aumentaban y los beneficios disminuían, la compañía se vio incapaz de sostener su vasta red comercial. En 1799, la VOC fue disuelta oficialmente, dejando atrás una mezcla de logros económicos e innovaciones empresariales, junto con un legado controvertido de explotación y dominio colonial.

La Compañía Holandesa de las Indias Orientales fue mucho más que una simple entidad comercial; fue un experimento temprano de capitalismo global que influyó profundamente en la economía mundial. Su modelo organizativo, sus prácticas comerciales y su capacidad para operar a escala global dejaron una marca indeleble en la historia, y su legado sigue siendo objeto de estudio para entender cómo el comercio, el poder y la economía dieron forma al mundo moderno.

15 - Revolución Industrial: el vapor y la modernización del comercio marítimo

La Revolución Industrial marcó un punto de inflexión en la historia del comercio marítimo, transformándolo de manera profunda y duradera. Antes de este período, los veleros dominaban los mares, con rutas comerciales limitadas por los vientos, las corrientes y la capacidad relativamente modesta de las embarcaciones. Con la llegada de la tecnología del vapor y los avances en ingeniería naval, el comercio marítimo experimentó una modernización que revolucionó no solo la manera en que se transportaban bienes, sino también la dinámica económica global.

El motor de vapor, perfeccionado en el siglo XVIII y aplicado al transporte marítimo a principios del siglo XIX, fue la innovación clave que inició esta transformación. Los barcos a vapor ofrecían una ventaja crucial sobre los veleros: independencia de los vientos y las corrientes oceánicas. Esto permitió una navegación más predecible y redujo drásticamente los tiempos de viaje. Las rutas marítimas ya no estaban condicionadas por factores naturales, lo que facilitó la planificación logística y expandió las posibilidades del comercio global.

Las primeras embarcaciones a vapor eran híbridas, combinando velas y motores para maximizar la eficiencia. Sin embargo, con el tiempo, la tecnología del vapor evolucionó, y los barcos completamente impulsados por este sistema comenzaron a dominar los mares. Uno de los hitos más destacados fue la construcción del *SS Great Western* en 1837, diseñado específicamente para la travesía transatlántica. Este barco redujo significativamente el tiempo de viaje entre Europa y América, inaugurando una nueva era de conexión comercial y cultural entre continentes.

La capacidad de los barcos a vapor para transportar mayores volúmenes de carga también fue revolucionaria. Los cascos de hierro, que sustituyeron a los de madera en la segunda mitad del siglo XIX, permitieron construir embarcaciones más grandes y resistentes. Este cambio estructural, combinado con la potencia del vapor, aumentó considerablemente la capacidad de carga, reduciendo los costos de transporte por unidad y haciendo más rentable el comercio a larga distancia. Productos como el algodón, el carbón, el trigo y el té comenzaron a ser transportados en volúmenes sin precedentes, fortaleciendo las economías interconectadas de Europa, Asia y América.

El desarrollo de infraestructuras portuarias fue otro elemento esencial en esta modernización. La necesidad de abastecer a los barcos a vapor con carbón llevó a la construcción de puertos especializados con instalaciones para el reabastecimiento rápido y eficiente. Ciudades portuarias como Liverpool, Hamburgo y Nueva York se convirtieron en nodos clave del comercio global, atrayendo inversiones y fomentando la urbanización. Además, el auge del vapor incentivó la construcción de canales estratégicos, como el Canal de Suez (1869) y el Canal de Panamá (1914), que redujeron considerablemente las distancias entre los principales mercados del mundo. Estas obras de ingeniería no solo acortaron las rutas marítimas, sino que también simbolizaron la ambición humana por dominar y optimizar los recursos naturales para el progreso económico.

El impacto de la tecnología del vapor en el comercio marítimo fue particularmente evidente en la expansión del comercio internacional. La reducción de costos y tiempos permitió que bienes perecederos, como frutas tropicales y carne refrigerada, comenzaran a formar parte del intercambio global. Esto diversificó las economías y permitió a los consumidores acceder a productos que antes eran impensables. Asimismo, la integración de mercados internacionales fomentó una mayor especialización económica, en la que países como Gran Bretaña se convirtieron en centros industriales mientras otros se enfocaban en la producción de materias primas.

El comercio marítimo impulsado por el vapor también jugó un papel crucial en la colonización y la expansión imperial. Las potencias europeas utilizaron esta tecnología para consolidar su control sobre territorios en Asia, África y América. Los barcos a vapor no solo transportaban bienes, sino también tropas, funcionarios y maquinaria industrial, facilitando la explotación económica de las colonias. El acceso a recursos naturales y mercados coloniales a través de rutas marítimas eficaces se convirtió en un pilar del auge económico de los imperios británico y francés, entre otros.

Desde una perspectiva económica, el comercio marítimo modernizado contribuyó a la globalización temprana. El flujo constante de bienes y capital permitió una integración más estrecha de las economías mundiales, aunque también exacerbó desigualdades. Mientras las naciones industrializadas se enriquecían con la exportación de productos manufacturados, las economías agrícolas y de recursos en los países menos desarrollados a menudo se veían relegadas a una posición subordinada dentro del sistema económico global.

El auge del vapor no estuvo exento de desafíos. La dependencia del carbón como fuente de energía para los barcos tuvo un impacto ambiental significativo, ya que incentivó la explotación intensiva de este recurso y contribuyó a la contaminación. Además, las crecientes demandas de infraestructura y el mantenimiento de flotas más grandes requerían inversiones considerables, lo que puso presión sobre las economías menos desarrolladas para competir en un sistema cada vez más dominado por potencias industrializadas.

A pesar de estas complicaciones, la Revolución Industrial y la modernización del comercio marítimo dejaron un legado duradero. La transición al vapor marcó el inicio de una era en la que el transporte marítimo se consolidó como la columna vertebral del comercio internacional. Más adelante, los avances tecnológicos, como los motores diésel y los barcos de contenedores, construirían sobre las innovaciones introducidas durante esta época, llevando el comercio marítimo a nuevas alturas.

En resumen, la llegada del vapor y la modernización del comercio marítimo transformaron no solo la economía global, sino también la manera en que las naciones se relacionaban entre sí. Este período no solo facilitó un comercio más rápido y eficiente, sino que también sentó las bases para la globalización contemporánea. La combinación de avances tecnológicos, expansión comercial y ambición humana durante la Revolución Industrial definió una nueva era para los océanos, consolidando su papel como vías esenciales para el progreso económico y la conexión global.

# 16 - Apertura de canales estratégicos: Suez y Panamá

La apertura de los canales de Suez y Panamá representa hitos monumentales en la historia del comercio marítimo, no solo por su importancia geográfica, sino también por su profundo impacto en las dinámicas económicas globales. Estas vías artificiales de navegación transformaron por completo el flujo del comercio internacional al conectar océanos previamente separados, reduciendo significativamente las distancias entre mercados clave y, con ello, los costos asociados al transporte marítimo. Desde su concepción hasta su operación moderna, ambos canales han sido símbolos de ambición humana y un testimonio de cómo la infraestructura estratégica puede alterar el curso de la economía global.

El Canal de Suez, inaugurado en 1869, es uno de los logros más ambiciosos de la ingeniería del siglo XIX. Situado en Egipto, esta vía conecta el mar Mediterráneo con el mar Rojo, eliminando la necesidad de que los barcos rodeen el continente africano a través del cabo de Buena Esperanza. Antes de su apertura, el viaje entre Europa y Asia implicaba una travesía adicional de miles de millas náuticas, lo que incrementaba tanto el tiempo como los costos del transporte. Con la apertura del canal, las rutas comerciales entre Occidente y Oriente se acortaron drásticamente, favoreciendo el intercambio de bienes como especias, textiles, petróleo y productos manufacturados.

El impacto económico del Canal de Suez fue inmediato. Las potencias europeas, que dominaban el comercio global en esa época, encontraron en esta vía una herramienta para consolidar su influencia sobre las rutas comerciales de Asia y África. Los costos de transporte más bajos resultaron en una reducción en los precios de los bienes importados, lo que a su vez impulsó el comercio y fomentó el crecimiento de las economías industriales de Europa. Además, el control estratégico del canal se convirtió en una cuestión de poder político y económico, como quedó demostrado en 1956, cuando la nacionalización del Canal de Suez por parte del presidente egipcio Gamal Abdel Nasser desató una crisis internacional que involucró a potencias como el Reino Unido, Francia y los Estados Unidos.

El Canal de Panamá, inaugurado en 1914, tuvo un impacto igualmente transformador, aunque en un contexto geopolítico diferente. Situado en el istmo de Panamá, esta vía conecta el océano Atlántico con el Pacífico, reduciendo la distancia entre las costas este y oeste de América en más de 13,000 kilómetros. Antes de su construcción, los barcos que necesitaban transitar entre ambos océanos debían navegar alrededor del extremo sur de América del Sur, a través del peligroso estrecho de Magallanes o el cabo de Hornos. El canal eliminó estas complicaciones, convirtiéndose en un catalizador del comercio entre las Américas y entre estas regiones y Asia.

El impacto económico del Canal de Panamá fue particularmente evidente en el auge del comercio entre Estados Unidos y sus socios comerciales en el Pacífico. Las rutas marítimas se optimizaron para facilitar el transporte de bienes como el petróleo, productos agrícolas, minerales y manufacturas. Además, el canal permitió a Estados Unidos proyectar su poder naval y comercial en ambas costas, consolidando su posición como una potencia económica global. Con el paso del tiempo, el canal se adaptó a las crecientes demandas del comercio global, culminando en su expansión en 2016 para permitir el paso de barcos más grandes, conocidos como *Neo-Panamax*, que transportan mayores volúmenes de carga y contribuyen a la eficiencia económica de las rutas marítimas modernas.

Ambos canales no solo facilitaron el comercio, sino que también transformaron las economías locales y regionales. En Egipto, el Canal de Suez es una fuente crucial de ingresos por concepto de peajes marítimos, mientras que en Panamá, el canal ha sido un motor de crecimiento económico y desarrollo nacional. La administración moderna de estos canales, que incluye sistemas avanzados de gestión de tráfico marítimo y tecnologías de navegación, asegura su relevancia en el contexto de la globalización y el comercio intercontinental.

Además de los beneficios económicos, la apertura de estos canales introdujo dinámicas geopolíticas complejas. Las rutas estratégicas que representan son objeto de interés constante por parte de naciones y corporaciones que buscan garantizar su acceso a mercados clave. En tiempos de conflicto o tensión internacional, el control de estos canales se convierte en un factor determinante para la seguridad económica de los países que dependen de ellos. Ejemplos recientes, como el bloqueo del Canal de Suez por el buque *Ever Given* en 2021, resaltan la vulnerabilidad de las cadenas de suministro globales ante interrupciones en estos puntos críticos.

Desde una perspectiva económica, los canales de Suez y Panamá simbolizan la importancia de la infraestructura en la reducción de costos y el aumento de la eficiencia del comercio marítimo. Su existencia permite a los operadores logísticos planificar rutas más cortas y eficientes, lo que se traduce en menores costos de combustible, tiempos de tránsito reducidos y menores emisiones de carbono. Estos beneficios son especialmente relevantes en un mundo donde la demanda por el transporte marítimo continúa creciendo, impulsada por el comercio global de bienes como alimentos, energía y productos tecnológicos.

El futuro de ambos canales está intrínsecamente ligado a su capacidad para adaptarse a las necesidades cambiantes del comercio marítimo. Las inversiones en tecnología, capacidad y sostenibilidad serán cruciales para mantener su relevancia en un entorno económico cada vez más competitivo y consciente del impacto ambiental. No obstante, su legado como facilitadores del comercio global y motores del desarrollo económico seguirá siendo indiscutible, reafirmando su posición como piezas fundamentales de la infraestructura marítima mundial.

Los conflictos que marcaron el camino hacia la "independencia" del Canal de Suez y el Canal de Panamá son episodios que reflejan la intrincada relación entre el comercio marítimo, la geopolítica y los intereses económicos. Ambos canales, fundamentales para las rutas marítimas globales, no solo fueron epicentros de actividad económica, sino también de disputas políticas, sociales y militares que definieron la lucha por su control y soberanía. Estos conflictos no solo moldearon el destino de las naciones directamente involucradas, sino que también influyeron en la dinámica del comercio internacional y la política global.

El Canal de Suez, situado en el corazón de Egipto, fue desde su concepción una obra que atrajo las ambiciones de las potencias europeas. Su construcción, liderada por el ingeniero francés Ferdinand de Lesseps, fue financiada en gran medida por capital europeo, y su administración quedó inicialmente bajo control franco-británico a través de la Compañía del Canal de Suez. Desde su apertura en 1869, el canal se convirtió en una arteria estratégica para el comercio entre Europa y Asia, consolidando su importancia para las potencias coloniales que buscaban mantener su influencia sobre las colonias en el sudeste asiático y África.

Sin embargo, esta relevancia estratégica también lo convirtió en un punto de fricción. En 1956, el presidente egipcio Gamal Abdel Nasser anunció la nacionalización del Canal de Suez, una medida que buscaba recuperar el control sobre este activo crucial y utilizar los ingresos generados por los peajes para financiar el desarrollo económico de Egipto, incluido el ambicioso proyecto de la presa de Asuán. Esta decisión provocó una crisis internacional que enfrentó a Egipto con una coalición formada por el Reino Unido, Francia e Israel. Estos países, con intereses económicos y estratégicos en el canal, lanzaron una intervención militar conocida como la Crisis de Suez.

La intervención buscaba derrocar a Nasser y restablecer el control europeo sobre el canal. Sin embargo, la presión diplomática de los Estados Unidos y la Unión Soviética, en el contexto de la Guerra Fría, obligó a las potencias europeas a retirarse. Este evento marcó un punto de inflexión en la historia del canal, ya que consolidó la independencia de Egipto sobre esta vía estratégica y simbolizó el declive del colonialismo europeo en la región. Desde entonces, el Canal de Suez ha permanecido bajo control egipcio, aunque su gestión ha enfrentado desafíos, como el bloqueo durante los conflictos árabe-israelíes y las crecientes demandas del comercio global.

El Canal de Panamá, por su parte, fue concebido inicialmente como un proyecto francés, liderado nuevamente por Ferdinand de Lesseps, quien intentó replicar el éxito del Canal de Suez. Sin embargo, la complejidad del terreno, las enfermedades tropicales y la falta de planificación adecuada llevaron al colapso del proyecto francés a finales del siglo XIX. Fue entonces cuando Estados Unidos asumió el control del proyecto tras apoyar la independencia de Panamá de Colombia en 1903, en un movimiento cargado de implicaciones geopolíticas.

El Tratado Hay-Bunau-Varilla, firmado entre Panamá y Estados Unidos, otorgó a este último derechos perpetuos sobre la Zona del Canal, un territorio que abarcaba el área circundante al canal. Aunque el canal fue inaugurado con éxito en 1914 y se convirtió en un eje clave para el comercio mundial, la presencia estadounidense generó tensiones significativas en Panamá. La percepción de que el canal y sus ingresos beneficiaban desproporcionadamente a Estados Unidos alimentó el sentimiento nacionalista en el país, lo que derivó en décadas de protestas y demandas por la soberanía panameña.

Las tensiones alcanzaron su punto álgido en la década de 1960, cuando estallaron disturbios en la Zona del Canal, conocidos como los sucesos del 9 de enero de 1964. Estudiantes panameños, que protestaban por el control estadounidense y exigían la izada de la bandera panameña junto a la estadounidense en la zona, fueron reprimidos violentamente, lo que dejó decenas de muertos y heridos. Este evento intensificó las negociaciones entre Panamá y Estados Unidos, que culminaron en la firma de los Tratados Torrijos-Carter en 1977.

Estos tratados establecieron un cronograma para la transferencia gradual del canal y su zona circundante a Panamá, con una fecha final fijada para el 31 de diciembre de 1999. La transferencia marcó un momento histórico para Panamá, que asumió el control total de la vía tras casi un siglo de dominio extranjero. Desde entonces, el canal ha sido gestionado por la Autoridad del Canal de Panamá, generando ingresos sustanciales que han sido reinvertidos en el desarrollo del país y en la modernización del canal para satisfacer las demandas del comercio global.

En ambos casos, la lucha por el control de los canales de Suez y Panamá refleja la intersección entre la infraestructura estratégica, la economía global y los intereses políticos. Estas vías no solo han sido instrumentos de comercio, sino también símbolos de soberanía y orgullo nacional. Sus historias son un recordatorio del poder transformador de la infraestructura en la economía y de cómo su control puede alterar las dinámicas de poder a nivel mundial.

17 - Desarrollo de buques de acero y el motor diésel

La transición de los barcos de madera a los buques de acero y la adopción del motor diésel marcaron una revolución en la historia del comercio marítimo. Estas innovaciones, que se produjeron durante los siglos XIX y XX, transformaron la industria naviera, impulsando una nueva era de eficiencia, capacidad y sostenibilidad económica en el transporte marítimo global.

Antes del advenimiento del acero como material principal para la construcción naval, los barcos se construían predominantemente con madera. Aunque robusta y ampliamente disponible, la madera presentaba limitaciones significativas. Los cascos de madera eran vulnerables al desgaste y las condiciones climáticas, lo que aumentaba los costos de mantenimiento y limitaba la vida útil de las embarcaciones. Además, la madera imponía restricciones en el tamaño y la capacidad de carga de los barcos, dificultando el crecimiento del comercio internacional.

La revolución industrial trajo consigo avances en la siderurgia que permitieron la producción en masa de acero de alta calidad. Este material no solo era más resistente que la madera, sino que también ofrecía una mayor flexibilidad en el diseño. Los cascos de acero podían soportar mayores tensiones, lo que permitió la construcción de barcos más grandes y duraderos. Estos buques tenían una capacidad de carga significativamente superior, lo que reducía el costo por tonelada transportada y hacía que el comercio marítimo fuese más rentable.

La introducción del acero también mejoró la seguridad en el mar. Los barcos de acero eran menos propensos a incendiarse, un riesgo común en las embarcaciones de madera cargadas con mercancías inflamables. Además, su resistencia estructural les permitía navegar en condiciones climáticas adversas, lo que ampliaba la temporada operativa y reducía las interrupciones en el comercio.

Mientras que los primeros buques de acero solían estar impulsados por motores de vapor, el desarrollo del motor diésel en las primeras décadas del siglo XX marcó un avance significativo en la propulsión naval. Los motores diésel ofrecían varias ventajas clave en comparación con las máquinas de vapor, que dependían de carbón o fuelóleo pesado como combustible.

En primer lugar, los motores diésel eran mucho más eficientes en términos de consumo de combustible. Esto reducía considerablemente los costos operativos de las embarcaciones y permitía viajes más largos sin necesidad de reabastecimiento frecuente. La mayor eficiencia también se tradujo en una disminución de las emisiones, lo que hacía que los barcos diésel fueran más respetuosos con el medio ambiente en comparación con sus predecesores.

Además, los motores diésel requerían menos espacio y personal para su operación. A diferencia de las calderas de vapor, que necesitaban una tripulación considerable para manejar el carbón y mantener la presión, los motores diésel podían ser operados por un equipo más reducido. Esto liberó espacio en las embarcaciones para cargar más mercancías y redujo los costos laborales, lo que contribuyó aún más a la rentabilidad del transporte marítimo.

La combinación de cascos de acero y motores diésel llevó al desarrollo de una nueva generación de barcos que revolucionaron el comercio marítimo. Los buques tanque, diseñados específicamente para transportar petróleo y sus derivados, aprovecharon estas tecnologías para satisfacer la creciente demanda de energía en el siglo XX. Los petroleros, que comenzaron como embarcaciones modestas, evolucionaron rápidamente hacia superpetroleros capaces de transportar millones de barriles de crudo a través de los océanos.

Asimismo, el transporte de carga general experimentó un cambio radical con el advenimiento de los buques portacontenedores. Estos barcos, que incorporaron cascos de acero y motores diésel, optimizaron el transporte marítimo al estandarizar el manejo de mercancías en contenedores. Los buques portacontenedores modernos, muchos de los cuales utilizan motores diésel avanzados, pueden transportar decenas de miles de contenedores en un solo viaje, conectando mercados de manera eficiente y reduciendo los costos logísticos a nivel global.

El desarrollo de los buques de acero y los motores diésel trajo consigo beneficios económicos significativos. La mayor capacidad de carga y la reducción de costos operativos permitieron que los bienes fueran transportados a precios más bajos, fomentando el comercio internacional y estimulando el crecimiento económico en todo el mundo. Los países en desarrollo, en particular, se beneficiaron de esta transformación al tener acceso más asequible a mercados globales y a bienes esenciales, como maquinaria, alimentos y productos manufacturados.

Sin embargo, estas innovaciones también enfrentaron desafíos. La construcción de buques de acero requería inversiones significativas en infraestructura y tecnología, lo que inicialmente limitó su adopción a las principales potencias industriales. Además, la transición a los motores diésel implicó un cambio en la infraestructura portuaria, ya que los sistemas de reabastecimiento de carbón tuvieron que ser reemplazados por instalaciones para almacenar y suministrar diésel.

En términos medioambientales, aunque los motores diésel eran más limpios que las máquinas de vapor seguían siendo una fuente importante de emisiones de gases de efecto invernadero. Este problema se ha convertido en un tema central en las últimas décadas, impulsando la búsqueda de alternativas más sostenibles, como los motores eléctricos y las tecnologías de propulsión híbrida.

La transición al acero y al motor diésel en la construcción naval no solo transformó el comercio marítimo, sino que también sentó las bases para la globalización moderna. Estos avances permitieron la creación de rutas comerciales más rápidas y confiables, facilitando el flujo de bienes, personas y capital a través de las fronteras. Las innovaciones introducidas durante este período siguen siendo relevantes en la actualidad, ya que los buques modernos continúan utilizando principios de diseño y propulsión derivados de estas tecnologías.

En última instancia, el desarrollo de buques de acero y motores diésel marcó una era de progreso sin precedentes en el comercio marítimo, consolidando los océanos como las arterias esenciales del comercio internacional. A medida que el sector busca formas de adaptarse a los desafíos del siglo XXI, el legado de estas innovaciones sigue siendo una fuente de inspiración y un recordatorio del poder transformador de la tecnología en la economía global.

18- Los avances en navegación y cartografía

Los avances en navegación y cartografía fueron fundamentales para el desarrollo del comercio marítimo y la expansión de las civilizaciones a lo largo de la historia. Durante siglos, el ser humano dependió de su capacidad para observar, interpretar y registrar el mundo que lo rodeaba, utilizando herramientas rudimentarias al principio, pero evolucionando hacia sistemas cada vez más precisos y complejos. Este proceso no solo fue técnico, sino también profundamente económico, ya que cada innovación en la navegación y la cartografía tenía un impacto directo en la eficiencia, seguridad y alcance del comercio marítimo.

En sus primeras etapas, la navegación estaba limitada a la observación directa del entorno natural. Los navegantes se guiaban por la posición del sol durante el día y las estrellas por la noche, combinando esto con el conocimiento práctico de las corrientes marinas y los vientos predominantes. Este enfoque permitía realizar viajes costeros relativamente seguros, ya que los navegantes rara vez se aventuraban lejos de la vista de tierra. Sin embargo, esta dependencia de la proximidad al litoral limitaba las rutas comerciales y restringía el alcance de las conexiones marítimas.

A medida que las civilizaciones avanzaban, surgieron herramientas que permitieron una navegación más precisa y confiable. Uno de los primeros instrumentos fue la sonda, utilizada para medir la profundidad del agua. Este dispositivo era esencial para evitar encallar en aguas poco profundas y para determinar la proximidad de tierra. Más adelante, la brújula magnética, una invención atribuida a la antigua China y difundida a través de la Ruta de la Seda, revolucionó la navegación al proporcionar una referencia constante para la orientación, incluso en condiciones de baja visibilidad. La brújula permitió a los navegantes aventurarse más allá de las rutas costeras conocidas, abriendo nuevas posibilidades para el comercio marítimo.

La cartografía, por su parte, experimentó avances significativos paralelos a los de la navegación. Los primeros mapas eran representaciones esquemáticas de las áreas locales, a menudo imprecisos y basados en narraciones orales o dibujos rudimentarios. Estos mapas eran útiles para viajes cortos y para la planificación básica, pero no eran adecuados para la navegación en alta mar. Con el tiempo, el desarrollo de la escritura y la acumulación de conocimientos geográficos permitieron la creación de mapas más detallados. En el mundo antiguo, civilizaciones como la egipcia, la mesopotámica y la griega desarrollaron mapas que integraban información recopilada de exploraciones y observaciones astronómicas.

Un punto de inflexión en la cartografía se produjo con los antiguos griegos, quienes comenzaron a aplicar principios matemáticos y geométricos al trazado de mapas. Eratóstenes, un erudito de Alejandría, fue uno de los primeros en calcular la circunferencia de la Tierra con sorprendente precisión, utilizando mediciones de sombras y distancias terrestres. Este conocimiento estableció una base teórica para representar la forma esférica de la Tierra en mapas bidimensionales, un desafío que los cartógrafos abordarían en siglos posteriores. Además, los aportes de Ptolomeo en el siglo II d. C., plasmados en su obra *Geografía*, proporcionaron un marco teórico para la proyección de mapas, incluyendo un sistema de coordenadas basado en latitud y longitud que, aunque imperfecto, influiría en la cartografía medieval y renacentista.

La Edad Media fue un período de transición tanto para la navegación como para la cartografía. Aunque los avances tecnológicos fueron limitados en comparación con épocas anteriores, las culturas islámicas desempeñaron un papel crucial en la preservación y expansión del conocimiento clásico. Los navegantes y cartógrafos árabes, como Al-Idrisi, combinaron el conocimiento grecorromano con las exploraciones propias de su vasto imperio, produciendo mapas detallados y guías de navegación que serían utilizadas durante siglos. En Europa, los mapas medievales, como los *mappae mundi*, tenían un enfoque más simbólico que práctico, reflejando una visión religiosa del mundo en lugar de una herramienta funcional para la navegación.

El Renacimiento marcó un resurgimiento en la navegación y la cartografía, impulsado por la combinación de avances científicos, tecnológicos y económicos. La invención de la imprenta permitió la difusión masiva de mapas y textos relacionados con la navegación, lo que facilitó la estandarización del conocimiento y su acceso a una audiencia más amplia. En este período, se perfeccionaron instrumentos como el astrolabio y el cuadrante, que permitían medir la altura de los astros sobre el horizonte para determinar la latitud. Aunque estos dispositivos requerían habilidades técnicas para su uso, se convirtieron en herramientas indispensables para los navegantes que exploraban nuevas rutas.

Uno de los avances más significativos de esta época fue el desarrollo de la proyección cartográfica de Mercator en 1569, que representaba la superficie esférica de la Tierra en un mapa plano de manera que las líneas de rumbo constantes aparecieran como líneas rectas. Aunque esta proyección distorsionaba las dimensiones relativas de las regiones, especialmente cerca de los polos, era enormemente útil para la navegación marítima, ya que simplificaba el trazado de rutas. Este avance reflejaba un cambio en la cartografía hacia un enfoque más práctico y orientado al comercio y la exploración.

La Era de los Descubrimientos, liderada por potencias como España y Portugal, llevó la navegación y la cartografía a nuevas alturas. Los exploradores de esta época se enfrentaban a océanos vastos y desconocidos, lo que requería mejoras constantes en las herramientas y técnicas disponibles. Las cartas náuticas, conocidas como portulanos, se convirtieron en guías esenciales, detallando costas, puertos y peligros marítimos con una precisión sin precedentes. Estas cartas, combinadas con la brújula, el astrolabio y las observaciones celestes, permitieron a los navegantes cruzar océanos y establecer conexiones comerciales en todo el mundo.

En los siglos XVII y XVIII, la navegación y la cartografía alcanzaron nuevos niveles de sofisticación gracias al auge de la ciencia moderna. Los relojes marinos, desarrollados para resolver el problema de la longitud, permitieron a los navegantes determinar su posición este-oeste con precisión por primera vez. Este avance, combinado con mejoras en la construcción naval y la recopilación de datos geográficos, resultó en mapas cada vez más detallados y confiables. Los exploradores y científicos de este período, como James Cook, llevaron a cabo levantamientos geográficos meticulosos que ampliaron el conocimiento del mundo y establecieron estándares para la cartografía moderna.

A lo largo de la historia, los avances en navegación y cartografía no solo facilitaron el comercio marítimo, sino que también transformaron la manera en que los seres humanos entendían y explotaban el mundo. Cada innovación, desde la brújula hasta los mapas de proyección Mercator, fue un paso hacia un comercio marítimo más eficiente y globalizado, impulsando el desarrollo económico y cultural de las civilizaciones. La navegación y la cartografía, inseparables en su evolución, continúan siendo pilares fundamentales en la conexión de los mercados y las culturas del mundo.

La globalización y la interconexión económica han sido procesos profundamente influenciados y moldeados por el comercio marítimo. Desde las primeras embarcaciones que transportaban bienes entre comunidades cercanas hasta los modernos buques portacontenedores que cruzan océanos, el transporte marítimo ha sido la infraestructura esencial que ha permitido la expansión y consolidación de una economía global. Este fenómeno, que tomó impulso de manera significativa a partir del siglo XIX, ha conectado mercados, sociedades y culturas, transformando el panorama económico y social del mundo.

El concepto de globalización puede definirse como la creciente integración de las economías nacionales a través del comercio, la inversión, la tecnología, los flujos de capital y la movilidad de las personas. En este contexto, el comercio marítimo ha jugado un papel insustituible. Las rutas marítimas no solo han facilitado el transporte masivo de bienes a costos relativamente bajos, sino que también han creado redes de interdependencia entre naciones. Los océanos, en lugar de ser barreras, se convirtieron en autopistas que vinculaban economías distantes, permitiendo un intercambio sin precedentes de productos, materias primas y tecnología.

Uno de los hitos más importantes en el desarrollo de la globalización económica fue la revolución en el transporte marítimo que trajo consigo la contenedorización a mediados del siglo XX. Este avance, impulsado por la estandarización del contenedor de carga, transformó la manera en que los bienes se transportaban internacionalmente. Antes de este cambio, la carga se manipulaba individualmente, lo que requería tiempo y mano de obra intensiva. La introducción del contenedor redujo drásticamente los costos de transporte y los tiempos de carga y descarga, aumentando la eficiencia de los puertos y permitiendo el comercio en una escala nunca vista. Como resultado, las cadenas de suministro globales se expandieron y las empresas pudieron abastecerse de materiales y mano de obra en distintas partes del mundo, optimizando costos y aumentando la competitividad.

Otro elemento clave de la globalización económica ha sido la diversificación de los mercados de exportación e importación. A medida que las naciones se conectaban a través de rutas marítimas, surgió una especialización en la producción basada en las ventajas comparativas de cada país. Esto significó que las naciones podían centrarse en la producción de bienes y servicios en los que eran más eficientes, mientras importaban aquellos en los que eran menos competitivas. Por ejemplo, países con recursos naturales abundantes, como petróleo o minerales, se convirtieron en exportadores clave, mientras que aquellos con economías más industrializadas se especializaron en productos manufacturados de alta tecnología. Este sistema no solo aumentó la eficiencia económica global, sino que también creó dependencias mutuas que reforzaron la interconexión entre las economías.

La globalización no solo se ha manifestado en el comercio de bienes físicos, sino también en la transferencia de tecnología, conocimiento y servicios. A lo largo de los siglos, los barcos no solo transportaban mercancías, sino también innovaciones que transformaron industrias y sociedades. El comercio marítimo desempeñó un papel crucial en la propagación de tecnologías agrícolas, médicas y de manufactura. De manera similar, las grandes corporaciones multinacionales, muchas de las cuales surgieron gracias a la expansión del comercio marítimo, se convirtieron en agentes de la globalización económica, estableciendo operaciones en múltiples países y fomentando la transferencia de habilidades y tecnologías.

Un ejemplo destacado de esta interconexión económica se encuentra en la evolución de los mercados energéticos globales. La dependencia del petróleo y el gas natural, que son transportados en grandes volúmenes a través de buques tanque, ilustra cómo las rutas marítimas han conectado a los productores en Oriente Medio, África y América Latina con los principales consumidores en Europa, Asia y América del Norte. Esta dinámica ha creado un mercado energético global en el que los precios y las condiciones económicas de un país pueden influir directamente en los de otro, incluso si están separados por miles de kilómetros. Los mercados agrícolas también han experimentado esta interconexión; los grandes cargueros transportan cereales, soja y otros productos básicos desde los principales productores como Estados Unidos, Brasil y Ucrania hacia los mercados asiáticos y africanos, asegurando el suministro alimentario de millones de personas.

El comercio marítimo y la globalización económica han sido también motores de urbanización y desarrollo en regiones estratégicas. Ciudades como Singapur, Hong Kong, Róterdam y Dubái han florecido gracias a su ubicación en rutas marítimas clave, convirtiéndose en centros de comercio y finanzas internacionales. Estas ciudades no solo se benefician de los ingresos generados por las actividades portuarias, sino que también atraen inversión extranjera, impulsan el empleo en sectores relacionados y actúan como nodos críticos en la red económica global.

Sin embargo, la globalización económica impulsada por el comercio marítimo no ha estado exenta de desafíos y críticas. Uno de los aspectos más controvertidos es la desigualdad económica que a menudo genera. Si bien muchos países han prosperado gracias a su integración en la economía global, otros se han visto marginados, incapaces de competir en un entorno dominado por las economías más avanzadas. Además, la dependencia de las cadenas de suministro globales ha expuesto a las economías a interrupciones significativas, como quedó demostrado durante la pandemia de COVID-19, cuando los bloqueos y restricciones afectaron el movimiento de bienes a nivel mundial.

Otro desafío importante es el impacto ambiental de la globalización y del comercio marítimo. Los buques de carga son responsables de una parte significativa de las emisiones globales de dióxido de carbono, y el aumento en el tráfico marítimo ha contribuido a la contaminación de los océanos y al deterioro de los ecosistemas marinos. Estos problemas han llevado a un creciente interés en la sostenibilidad dentro de la industria marítima, con iniciativas dirigidas a reducir las emisiones mediante el uso de combustibles alternativos y la adopción de tecnologías más limpias.

En última instancia, la globalización y la interconexión económica han sido fenómenos transformadores que han redefinido las relaciones entre países y regiones, permitiendo niveles de prosperidad sin precedentes en algunas áreas, pero también planteando desafíos significativos en términos de equidad, sostenibilidad y resiliencia. A pesar de sus complicaciones, el comercio marítimo sigue siendo el eje central de esta red global, uniendo a las economías del mundo y sirviendo como un recordatorio constante de nuestra creciente interdependencia.

La introducción del contenedor como herramienta logística marcó un punto de inflexión en la economía global, transformando radicalmente la forma en que las mercancías se transportan, almacenan y distribuyen. Antes de su invención, el comercio internacional estaba plagado de ineficiencias que elevaban los costos operativos a niveles que limitaban severamente su alcance y accesibilidad. Este invento, una simple caja metálica de dimensiones estandarizadas, no solo simplificó la manipulación de bienes, sino que estableció las bases para una profunda economización de costos que catapultó al comercio marítimo a un nuevo nivel de productividad y eficiencia.

En el modelo logístico anterior al contenedor, conocido como carga fraccionada, el transporte de mercancías requería un esfuerzo humano considerable. Los productos se manipulaban de forma individual, empaquetados en barriles, sacos, cajas o fardos, que eran cargados y descargados manualmente en los barcos, camiones y trenes. Este proceso era extraordinariamente lento y costoso. La carga de un barco podía llevar días o incluso semanas, dependiendo del volumen y la naturaleza de los bienes. A esto se sumaba la alta incidencia de pérdidas y daños durante el transporte, ya que las mercancías eran vulnerables al robo, al mal manejo y a las inclemencias del clima. Este sistema, aunque funcional, representaba un freno significativo para la expansión del comercio, ya que encarecía los bienes y limitaba la capacidad de las empresas para competir en mercados más amplios.

La concepción del contenedor fue un golpe maestro en la búsqueda de la eficiencia logística. Malcom McLean, un visionario empresario estadounidense, entendió que el verdadero problema radicaba en la fragmentación y falta de estandarización del transporte. Su idea de un recipiente uniforme que pudiera trasladarse de un medio de transporte a otro sin necesidad de descargar y volver a cargar el contenido no solo resolvía problemas operativos, sino que prometía una drástica reducción de costos. Este enfoque eliminaba gran parte de la labor manual, reducía los tiempos de carga y descarga y, en consecuencia, minimizaba los costos asociados con la manipulación en los puertos. En términos económicos, esto significaba que el comercio internacional podría escalarse con un costo marginal mucho menor, abriendo nuevas oportunidades para la expansión de mercados y la globalización de la producción.

La primera prueba práctica de esta idea tuvo lugar en 1956, cuando el *Ideal-X*, un petrolero modificado, transportó los primeros contenedores desde Newark hasta Houston. Este experimento, aunque rudimentario, demostró la viabilidad económica del concepto. La clave del éxito no residía únicamente en el diseño del contenedor, sino en la estandarización que permitiría su adopción universal. En 1961, la Organización Internacional de Normalización (ISO) estableció dimensiones y especificaciones estándar para los contenedores, asegurando su compatibilidad en cualquier infraestructura logística del mundo. Esta estandarización impulsó la interoperabilidad entre puertos, barcos, camiones y trenes, y redujo drásticamente las barreras técnicas y operativas que habían obstaculizado el comercio internacional.

El impacto en la economización de costos fue inmediato y contundente. Los estudios iniciales mostraron que el uso del contenedor podía reducir los costos de transporte en más del 90% en comparación con la carga fraccionada. La eficiencia operativa permitió que los barcos pasaran menos tiempo en los puertos, aumentando su tiempo efectivo en tránsito y, por ende, su rentabilidad. En paralelo, los costos laborales asociados con la manipulación de carga se desplomaron, ya que un pequeño equipo de operadores de grúas podía manejar miles de toneladas de mercancías en cuestión de horas. Este ahorro se tradujo directamente en menores costos para los productores y comerciantes, lo que a su vez redujo los precios de los bienes en los mercados internacionales.

El contenedor también permitió aprovechar las economías de escala de manera más efectiva. Los buques portacontenedores, diseñados específicamente para transportar estas unidades, comenzaron a crecer en tamaño y capacidad. Las empresas navieras invirtieron en flotas cada vez más grandes, capaces de transportar decenas de miles de contenedores en un solo viaje. Este aumento en la capacidad redujo aún más el costo por unidad transportada, reforzando el círculo virtuoso de eficiencia y competitividad. En términos macroeconómicos, esto permitió que economías emergentes con costos laborales bajos, como las de Asia, se integraran plenamente en los mercados globales, suministrando productos a precios competitivos a consumidores de todo el mundo.

La transformación no se limitó al transporte marítimo. El contenedor impulsó el desarrollo de un sistema logístico intermodal que conectaba barcos, trenes y camiones en una red fluida y eficiente. Los costos de almacenamiento también disminuyeron, ya que los bienes podían moverse de manera más predecible y programada, reduciendo la necesidad de mantener inventarios elevados. Este enfoque justo a tiempo, adoptado ampliamente por industrias como la automotriz y la electrónica, optimizó el uso del capital y mejoró la rentabilidad de las empresas al minimizar el dinero inmovilizado en inventarios.

El impacto del contenedor en los puertos marítimos fue igualmente significativo. Los antiguos muelles, diseñados para la carga fraccionada, fueron reemplazados por terminales automatizadas y especializadas en el manejo de contenedores. Estos cambios requirieron inversiones masivas en infraestructura, pero los beneficios económicos superaron con creces los costos iniciales. Los puertos más eficientes atrajeron mayores volúmenes de comercio, generando economías locales más dinámicas y diversificadas. Ciudades como Singapur, Róterdam y Los Ángeles experimentaron un crecimiento exponencial, consolidándose como nodos clave en la red logística global.

En el ámbito del comercio minorista, el contenedor permitió la expansión de cadenas de suministro altamente eficientes y globalizadas. Empresas como Walmart y Amazon aprovecharon la reducción de costos para construir redes de distribución que conectaban fábricas en Asia con consumidores en América y Europa. Este modelo permitió ofrecer precios más bajos y una variedad de productos sin precedentes, transformando los hábitos de consumo y elevando los estándares de vida en muchas regiones.

No obstante, la contenedorización también generó desafíos que reflejaban su propio éxito. La dependencia de las cadenas de suministro globales hizo que las economías fueran más sensibles a interrupciones en el transporte. Eventos como el bloqueo del Canal de Suez en 2021 demostraron cómo un incidente aislado podía tener un efecto dominó en la economía mundial, causando pérdidas económicas millonarias. A pesar de estos riesgos, la eficiencia y los ahorros que ofrecía el contenedor lo consolidaron como el método dominante de transporte de mercancías en todo el mundo.

El contenedor, con su diseño aparentemente simple, se convirtió en una herramienta esencial para la economización de costos en el comercio marítimo. Al reducir las ineficiencias, ampliar la escala de operaciones y facilitar la integración de mercados, revolucionó no solo la logística, sino también la economía global en su conjunto.

Las guerras mundiales del siglo XX marcaron un periodo de profundo impacto en el comercio marítimo, transformando tanto su infraestructura como sus dinámicas económicas. Estas contiendas, que involucraron a gran parte del planeta, no solo alteraron las rutas comerciales y los patrones de transporte, sino que también impulsaron innovaciones tecnológicas y reconfiguraron el equilibrio de poder en los océanos. El comercio marítimo, que había sido un pilar fundamental del crecimiento económico global, se vio atrapado en el torbellino de los conflictos, adquiriendo un papel estratégico tanto para la logística militar como para la supervivencia económica de las naciones involucradas.

Durante la Primera Guerra Mundial, el comercio marítimo enfrentó desafíos sin precedentes. Los mares, tradicionalmente un espacio para el intercambio y la cooperación económica, se convirtieron en campos de batalla donde las potencias navales buscaban dominar las rutas comerciales. Los bloqueos marítimos, particularmente los impuestos por el Reino Unido contra las Potencias Centrales afectaron gravemente el flujo de bienes esenciales, incluyendo alimentos, combustibles y materias primas. Estas interrupciones no solo asfixiaron las economías de los países afectados, sino que también generaron escasez y hambrunas que exacerbaron las tensiones internas. En el caso alemán, la dependencia de importaciones de alimentos y fertilizantes hizo que el bloqueo aliado resultara devastador, contribuyendo al colapso económico que aceleró su derrota.

La introducción de nuevas tecnologías bélicas, como los submarinos, amplificó el impacto de la guerra en el comercio marítimo. Alemania, consciente de su desventaja frente a la marina británica, recurrió a la guerra submarina como una estrategia para interrumpir las líneas de suministro aliadas. Los submarinos, particularmente los U-boots, atacaron convoyes de barcos mercantes, hundiendo toneladas de mercancías y causando un incremento significativo en los costos de transporte. Esta estrategia no solo buscaba debilitar la economía aliada, sino también presionar a los Estados neutrales para que reconsideraran sus relaciones comerciales. Sin embargo, estas tácticas también tuvieron repercusiones políticas, como la entrada de Estados Unidos en el conflicto tras los ataques a barcos como el *Lusitania*, que transportaba pasajeros y bienes.

A pesar de los estragos causados por la guerra, el comercio marítimo también experimentó avances durante este periodo. La necesidad de movilizar grandes volúmenes de tropas, equipos y suministros impulsó mejoras en la logística y la construcción naval. Los astilleros trabajaron a toda máquina para producir barcos más grandes y eficientes, mientras que las tecnologías de propulsión, como las turbinas de vapor, comenzaron a reemplazar las máquinas tradicionales, aumentando la velocidad y la capacidad de los buques. Estos avances sentaron las bases para la expansión del comercio marítimo en las décadas posteriores, aunque a un alto costo humano y económico.

La Segunda Guerra Mundial profundizó aún más la transformación del comercio marítimo, ampliando tanto su escala como su complejidad. En este conflicto, las rutas marítimas se convirtieron en un recurso estratégico de primera línea, siendo fundamentales para el suministro de tropas, el transporte de recursos y la supervivencia de la población civil. Las potencias aliadas, lideradas por el Reino Unido y Estados Unidos, dependieron de las líneas marítimas para abastecerse de alimentos, petróleo y materiales de guerra, mientras que el Eje intentó interrumpir este flujo mediante ataques coordinados en los océanos Atlántico, Pacífico e Índico.

El comercio marítimo enfrentó desafíos colosales debido a la escala global del conflicto. Los convoyes, escoltados por buques de guerra y aviones, se convirtieron en una solución esencial para proteger las mercancías de los ataques enemigos. Sin embargo, esta estrategia también incrementó los costos operativos y ralentizó las cadenas de suministro. Los submarinos alemanes, que perfeccionaron las tácticas de guerra submarina desde la Primera Guerra Mundial, infligieron enormes pérdidas a las flotas mercantes aliadas, hundiendo millones de toneladas de cargamento y provocando serios desequilibrios en el abastecimiento de recursos.

En respuesta, los Aliados desarrollaron innovaciones logísticas y tecnológicas para contrarrestar estas amenazas. La producción en masa de barcos mercantes, como los buques Liberty en Estados Unidos, permitió reponer rápidamente las pérdidas y mantener un flujo constante de mercancías. Estas embarcaciones, diseñadas para ser económicas y fáciles de construir, simbolizaron la capacidad industrial de los Aliados y se convirtieron en un elemento crucial para garantizar su victoria económica. Paralelamente, el desarrollo de nuevas tecnologías, como el radar y el sonar, mejoró la capacidad para detectar y neutralizar submarinos, reduciendo gradualmente las pérdidas en el comercio marítimo.

El impacto económico de estas guerras en el comercio marítimo fue inmenso y multifacético. Por un lado, los conflictos destruyeron infraestructuras portuarias y flotas enteras, generando un colapso temporal en la capacidad de transporte marítimo. Por otro lado, impulsaron la modernización de la industria, desde el diseño de barcos hasta la gestión de rutas y la coordinación logística. El comercio marítimo emergió de las guerras con una estructura más sofisticada y eficiente, pero también con nuevas vulnerabilidades que reflejaban su dependencia de las dinámicas geopolíticas.

Además, las guerras mundiales reconfiguraron el equilibrio de poder en los océanos. Tras la Segunda Guerra Mundial, Estados Unidos consolidó su posición como la principal potencia marítima, controlando rutas estratégicas y dominando la construcción naval. Este cambio marcó el inicio de un nuevo orden económico global, donde el comercio marítimo desempeñó un papel central en la recuperación económica de Europa, Japón y otras regiones devastadas por el conflicto. Planes como el Marshall dependieron en gran medida del transporte marítimo para movilizar bienes y recursos, cimentando su importancia en la economía global de la posguerra.

El impacto de las guerras mundiales en el comercio marítimo no solo se midió en términos de pérdidas y reconstrucción, sino también en la manera en que redefinieron la logística global. La necesidad de coordinar operaciones complejas en múltiples frentes sentó las bases para el desarrollo de sistemas logísticos modernos, desde la contenedorización hasta la automatización portuaria. Estas guerras, aunque devastadoras, transformaron al comercio marítimo en un motor indispensable de la recuperación económica y el crecimiento global, reflejando la capacidad de adaptación y resiliencia de una industria que supo reinventarse en medio de la adversidad.

El desarrollo de los superpetroleros marcó un antes y un después en la historia del comercio marítimo, redefiniendo las dinámicas económicas globales al hacer posible el transporte masivo de petróleo crudo entre regiones productoras y mercados consumidores. Desde sus primeras versiones en la década de 1950 hasta los modernos Very Large Crude Carriers (VLCC) y Ultra Large Crude Carriers (ULCC), estas gigantescas embarcaciones han sido esenciales para satisfacer la creciente demanda de energía de un mundo industrializado y globalizado. Su impacto en la economía va mucho más allá del transporte de petróleo, influyendo en los costos energéticos, las estructuras de mercado, las políticas geopolíticas y las estrategias comerciales de las naciones y corporaciones.

El nacimiento de los superpetroleros estuvo directamente ligado al auge del petróleo como recurso energético dominante del siglo XX. Con el crecimiento exponencial de la demanda de combustible tras la Segunda Guerra Mundial, los mercados industriales y de transporte requerían una logística más eficiente para mover grandes volúmenes de crudo desde regiones productoras como Oriente Medio hacia Europa, América del Norte y Asia. Inicialmente, los petroleros estándar de la época, con capacidades limitadas, eran insuficientes para cumplir con las necesidades del mercado. Esto llevó al diseño de barcos significativamente más grandes, capaces de transportar volúmenes de petróleo nunca imaginados.

Los primeros superpetroleros, como el *Universe Apollo*, construido en 1956, tenían capacidades de transporte que oscilaban entre 80,000 y 100,000 toneladas de peso muerto (DWT). Aunque impresionantes para su tiempo, estas cifras pronto fueron superadas a medida que la tecnología de construcción naval avanzaba y las economías de escala demostraban ser cada vez más favorables. En la década de 1970, la capacidad promedio de los VLCC superaba las 200,000 DWT, mientras que los ULCC alcanzaban capacidades de más de 500,000 DWT, una hazaña que transformó completamente la logística del petróleo.

El crecimiento en tamaño de los superpetroleros respondió principalmente a la búsqueda de economías de escala. Cuanto mayor era la capacidad de carga de un petrolero, menores eran los costos de transporte por barril de petróleo. Esto resultó en una reducción significativa de los costos operativos, lo que permitió a las compañías petroleras ofrecer crudo a precios más competitivos en los mercados internacionales. Estas reducciones de costos también contribuyeron a la proliferación del consumo de petróleo, ya que los precios energéticos relativamente bajos incentivaron su uso en múltiples sectores, desde la generación de electricidad hasta el transporte y la manufactura.

Los superpetroleros también jugaron un papel fundamental en la consolidación de las rutas marítimas estratégicas. Pasajes como el estrecho de Malaca, el Canal de Suez y el estrecho de Ormuz adquirieron una importancia geopolítica sin precedentes debido a su papel como corredores vitales para el transporte de petróleo. Sin embargo, el tamaño masivo de los superpetroleros planteó desafíos logísticos y operativos. Por ejemplo, muchos de estos barcos eran demasiado grandes para transitar por el Canal de Suez antes de su ampliación en 2015, lo que obligó a las compañías navieras a utilizar rutas alternativas más largas, como el cabo de Buena Esperanza. Estas restricciones, aunque costosas, subrayaron la necesidad de infraestructura global adaptada a las necesidades del comercio marítimo de gran escala.

El impacto económico de los superpetroleros no se limitó al abaratamiento del transporte marítimo. Su existencia transformó las estructuras de mercado de la industria energética. Las refinerías y los centros de almacenamiento comenzaron a concentrarse cerca de los principales puertos capaces de manejar estas enormes embarcaciones, lo que impulsó el desarrollo de zonas industriales portuarias en regiones como Rotterdam, Singapur y la costa del Golfo de los Estados Unidos. Estas áreas no solo se beneficiaron del flujo continuo de petróleo, sino que también experimentaron un crecimiento económico significativo a medida que industrias relacionadas, como la petroquímica y la logística, prosperaron en sus alrededores.

A nivel geopolítico, los superpetroleros redefinieron las dinámicas de poder entre las naciones productoras y consumidoras de petróleo. La capacidad de mover grandes volúmenes de crudo a bajo costo aumentó la dependencia de las economías industrializadas respecto a los países exportadores, particularmente los miembros de la Organización de Países Exportadores de Petróleo (OPEP). Esta interdependencia económica se convirtió en una herramienta de negociación estratégica, como quedó evidenciado durante las crisis del petróleo de 1973 y 1979, cuando los embargos liderados por la OPEP demostraron el impacto devastador que las interrupciones en el suministro podían tener en las economías occidentales.

Por otro lado, el desarrollo de superpetroleros también planteó riesgos significativos. Los accidentes catastróficos, como el hundimiento del *Torrey Canyon* en 1967 y el desastre del *Exxon Valdez* en 1989, subrayaron los peligros ambientales asociados con el transporte de grandes volúmenes de petróleo. Estos incidentes llevaron a una regulación más estricta en la construcción y operación de superpetroleros, incluida la adopción de cascos dobles para minimizar el riesgo de derrames en caso de colisión. Aunque estas medidas aumentaron los costos iniciales de construcción, también mejoraron la sostenibilidad operativa y la percepción pública de la industria.

En términos tecnológicos, el diseño de los superpetroleros evolucionó constantemente para optimizar la eficiencia y minimizar los riesgos. La implementación de sistemas de navegación avanzados, como el GPS y el radar de alta precisión, mejoró significativamente la seguridad en las rutas marítimas. Además, los avances en motores y sistemas de propulsión permitieron una reducción en el consumo de combustible, lo que a su vez disminuyó las emisiones de carbono, un tema de creciente importancia en el contexto de la lucha contra el cambio climático.

La era moderna de los superpetroleros continúa siendo un pilar del comercio marítimo y de la economía global. Con capacidades que superan los 2 millones de barriles de crudo, estas embarcaciones son esenciales para garantizar el suministro energético de un mundo interconectado. A pesar de los desafíos regulatorios, ambientales y logísticos que enfrentan, los superpetroleros simbolizan la capacidad de la industria marítima para adaptarse a las demandas económicas de cada época, consolidando su papel como una de las herramientas más poderosas en el comercio internacional.

La historia de los superpetroleros, también conocidos como supertankers o supercarriers, está íntimamente ligada al desarrollo de la industria petrolera y a las dinámicas del comercio global de hidrocarburos. Estas enormes embarcaciones surgieron como respuesta a una necesidad económica imperiosa: transportar grandes volúmenes de petróleo crudo de manera eficiente y rentable desde las regiones productoras hacia los mercados consumidores. Su evolución no solo refleja avances tecnológicos en ingeniería naval, sino también la influencia de magnates visionarios, los retos de la geopolítica y la búsqueda constante de economías de escala que han marcado el ritmo del comercio marítimo durante el último siglo.

El auge de los superpetroleros tiene su origen en los primeros años del siglo XX, cuando la creciente demanda de petróleo como fuente de energía comenzó a transformar la economía mundial. Durante las primeras décadas, el petróleo se transportaba en pequeños buques cisterna con capacidades limitadas, lo que resultaba insuficiente para satisfacer la demanda de los países industrializados. A medida que la producción petrolera se expandía en regiones como el Medio Oriente, surgió la necesidad de construir embarcaciones más grandes y eficientes que pudieran reducir los costos de transporte por tonelada de crudo.

La Segunda Guerra Mundial fue un punto de inflexión en este contexto. La importancia estratégica del petróleo para las operaciones militares impulsó la construcción de buques cisterna más grandes y rápidos, como los T2 Tankers utilizados por Estados Unidos. Aunque estos barcos representaban un avance significativo en comparación con los modelos anteriores, aún estaban lejos de las capacidades de los superpetroleros modernos. Sin embargo, sentaron las bases para el desarrollo posterior de embarcaciones que no solo se centrarían en el transporte de hidrocarburos, sino también en maximizar la eficiencia económica del comercio marítimo de petróleo.

El verdadero auge de los superpetroleros comenzó en la década de 1950, impulsado por una combinación de factores. Por un lado, el descubrimiento de vastos yacimientos de petróleo en países del Golfo Pérsico, como Arabia Saudita, Irán y Kuwait, consolidó esta región como la principal fuente de suministro mundial. Por otro lado, la reconstrucción económica de Europa y

Japón tras la guerra incrementó la demanda de energía. En este contexto, las compañías petroleras internacionales y los grandes armadores comenzaron a buscar soluciones logísticas que permitieran transportar mayores volúmenes de crudo a costos más bajos.

Entre las figuras clave en esta etapa destaca Aristóteles Onassis, el magnate griego cuya visión transformó la industria del transporte marítimo. Onassis comprendió que el crecimiento de la demanda mundial de petróleo requería embarcaciones significativamente más grandes. Fue uno de los primeros en invertir en la construcción de superpetroleros, desarrollando flotas capaces de transportar enormes volúmenes de crudo y asegurando contratos a largo plazo con las principales compañías petroleras. Esta estrategia no solo le permitió amasar una fortuna, sino también establecer un nuevo estándar en la industria marítima.

Otro pionero en este ámbito fue Stavros Niarchos, también griego, quien rivalizó con Onassis en la construcción de flotas cada vez más grandes. Ambos magnates compitieron ferozmente en el mercado, adquiriendo contratos estratégicos y ampliando constantemente las capacidades de sus embarcaciones. Esta carrera por la supremacía en el transporte marítimo de petróleo impulsó avances en diseño naval y llevó al desarrollo de superpetroleros cada vez más grandes.

El tamaño de los superpetroleros comenzó a aumentar rápidamente en la década de 1960. Mientras que los buques cisterna típicos de la posguerra tenían capacidades de entre 10,000 y 30,000 toneladas de peso muerto (DWT, por sus siglas en inglés), las nuevas generaciones de embarcaciones comenzaron a superar las 100,000 DWT, y pronto se alcanzaron capacidades de 200,000 DWT o más. Este crecimiento estuvo motivado por la lógica económica de las economías de escala: cuanto mayor fuera el tamaño del buque, menores serían los costos por tonelada transportada.

Sin embargo, el aumento en el tamaño de los superpetroleros también trajo consigo nuevos desafíos. Los puertos tradicionales no estaban equipados para manejar embarcaciones de estas dimensiones, lo que llevó a la construcción de terminales especializadas y a la adopción de sistemas de carga y descarga más avanzados. Además, la navegación de estos gigantes presentó riesgos ambientales significativos, como quedó demostrado en desastres como el hundimiento del Torrey Canyon en 1967, que derramó miles de toneladas de petróleo en el océano.

A medida que la industria se adaptaba a estos desafíos, los superpetroleros continuaron creciendo en tamaño. En la década de 1970, surgieron los llamados Very Large Crude Carriers (VLCC), con capacidades de entre 200,000 y 320,000 DWT, y los Ultra Large Crude Carriers (ULCC), que superaban las 320,000 DWT. Estas embarcaciones fueron diseñadas específicamente para transportar crudo desde el Golfo Pérsico hacia los principales mercados de consumo en Europa, América del Norte y Asia. Debido a su tamaño, muchos de estos buques no podían transitar por los canales de Suez o Panamá, lo que los obligaba a tomar rutas más largas, como el Cabo de Buena Esperanza.

Hoy en día, los superpetroleros más grandes del mundo, como el Seawise Giant (posteriormente rebautizado como Knock Nevis), han alcanzado capacidades superiores a las 550,000 DWT, aunque la mayoría de los buques modernos se encuentran en el rango de los VLCC y ULCC. Estos gigantes son construidos principalmente por astilleros en países como Corea del Sur, Japón y China, que han perfeccionado la tecnología y los procesos necesarios para fabricar estas embarcaciones a gran escala. Empresas como Hyundai Heavy Industries, Daewoo Shipbuilding & Marine Engineering y Samsung Heavy Industries son líderes en la construcción de superpetroleros, mientras que los principales compradores incluyen compañías petroleras estatales y grandes operadores de flotas privadas.

El costo de construcción de un superpetrolero puede oscilar entre 90 y 150 millones de dólares, dependiendo de su tamaño y especificaciones. Sin embargo, estos costos se ven compensados por su capacidad para transportar enormes volúmenes de petróleo a bajo costo. En términos operativos, un superpetrolero puede generar ingresos significativos para sus propietarios, especialmente durante períodos de alta demanda en el mercado petrolero.

La historia de los superpetroleros no solo es un testimonio del ingenio humano en la ingeniería naval, sino también una demostración de cómo las fuerzas económicas y las necesidades logísticas pueden impulsar avances tecnológicos y transformar industrias enteras. A pesar de los desafíos asociados con su operación, estos gigantes del mar siguen siendo pilares fundamentales del comercio global de petróleo, conectando las regiones productoras con los mercados consumidores y garantizando el flujo constante de la energía que alimenta la economía mundial.

## 25 - Innovaciones tecnológicas: barcos autónomos y energías renovables

El desarrollo de barcos autónomos y el uso de energías renovables representan una transformación sin precedentes en el comercio marítimo, marcando un punto de inflexión en la manera en que los bienes se transportan a través de los océanos del mundo. Estas innovaciones son impulsadas por una combinación de avances tecnológicos, presiones regulatorias y la necesidad de abordar los desafíos económicos y medioambientales que enfrenta la industria marítima. A medida que la tecnología continúa avanzando, el futuro de la navegación promete ser más eficiente, seguro y sostenible.

Los barcos autónomos, también conocidos como embarcaciones no tripuladas o MASS (Maritime Autonomous Surface Ships, por sus siglas en inglés), han sido objeto de investigación y desarrollo intensivo en los últimos años. La idea de eliminar o reducir significativamente la presencia de tripulaciones humanas a bordo se basa en la capacidad de la inteligencia artificial, los sistemas de control remoto y las redes de sensores avanzados para gestionar y operar un barco de manera autónoma. Este concepto no es nuevo, pero su viabilidad tecnológica y económica ha alcanzado un punto crítico gracias a los avances en áreas como la conectividad satelital, la computación de alto rendimiento y la automatización.

Desde una perspectiva económica, los barcos autónomos ofrecen múltiples ventajas. En primer lugar, eliminan o reducen los costos asociados con la tripulación, como salarios, beneficios, alimentos y alojamiento, que representan una parte significativa de los gastos operativos de un buque convencional. Además, la ausencia de personal humano permite rediseñar las embarcaciones, eliminando instalaciones como camarotes y cocinas, lo que libera espacio para aumentar la capacidad de carga y reduce el peso total del buque, mejorando su eficiencia energética.

La seguridad también es un factor clave en el desarrollo de barcos autónomos. Se estima que un alto porcentaje de los accidentes marítimos se debe a errores humanos. Al eliminar esta variable, los sistemas autónomos, que operan basados en datos en tiempo real y decisiones algorítmicas, pueden reducir significativamente el riesgo de colisiones, encallamientos y otros incidentes. Además, los barcos autónomos pueden ser programados para seguir rutas óptimas en términos de tiempo y consumo de combustible, lo que reduce costos y emisiones.

Ejemplos concretos de estas innovaciones ya están en funcionamiento o en fases avanzadas de prueba. En Noruega, el Yara Birkeland, un buque completamente eléctrico y autónomo, ha captado la atención de la industria como el primer carguero de este tipo en el mundo. Diseñado para transportar fertilizantes entre puertos locales, el Yara Birkeland utiliza tecnología avanzada de navegación y control remoto, y su operación no genera emisiones de carbono, lo que lo convierte en un modelo emblemático de sostenibilidad.

Sin embargo, la transición hacia barcos autónomos no está exenta de desafíos. Las cuestiones regulatorias son particularmente complejas, ya que los marcos legales actuales fueron diseñados para embarcaciones tripuladas. Esto incluye aspectos relacionados con la responsabilidad en caso de accidentes, la certificación de la tecnología y la interoperabilidad con los sistemas portuarios existentes. Además, la ciberseguridad es una preocupación creciente, ya que la dependencia de sistemas digitales aumenta el riesgo de ataques cibernéticos que podrían comprometer la operación de los buques.

Paralelamente al desarrollo de barcos autónomos, la industria marítima está adoptando energías renovables como parte de un esfuerzo más amplio para reducir su huella de carbono y cumplir con las normativas internacionales sobre emisiones, como las establecidas por la Organización Marítima Internacional (OMI). Estas normativas exigen reducciones drásticas en las emisiones de gases de efecto invernadero provenientes del transporte marítimo, un sector que históricamente ha dependido de combustibles fósiles como el diésel marino y el fuelóleo pesado.

Una de las tecnologías más prometedoras en este ámbito es el uso de velas rígidas y sistemas de propulsión asistida por viento, que aprovechan la energía eólica para complementar la propulsión convencional. Aunque estas soluciones recuerdan a la navegación a vela tradicional, los sistemas modernos están diseñados para funcionar de manera automática y eficiente, integrándose con los motores de los buques para optimizar el consumo de combustible. Empresas como Cargill y Airbus ya están probando estas tecnologías en sus operaciones, destacando su potencial para reducir costos y emisiones.

Otro avance significativo es el uso de combustibles alternativos como el gas natural licuado (GNL), el hidrógeno y los biocombustibles. El GNL, por ejemplo, produce menos emisiones de dióxido de carbono y prácticamente elimina las emisiones de azufre y partículas, lo que lo convierte en una opción más limpia en comparación con los combustibles tradicionales. Por otro lado, el hidrógeno verde, producido a partir de fuentes renovables, está ganando popularidad como un combustible de cero emisiones, aunque enfrenta desafíos relacionados con su almacenamiento y distribución.

Además de los combustibles alternativos, la energía eléctrica está comenzando a jugar un papel más destacado en el transporte marítimo. Los buques eléctricos, alimentados por baterías de iones de litio de alta capacidad, son ideales para rutas cortas y operaciones portuarias, donde la recarga frecuente es posible. En este contexto, países como China y Noruega están liderando la adopción de embarcaciones eléctricas en sus flotas comerciales, mientras que la investigación se centra en mejorar la densidad energética de las baterías para permitir su uso en buques más grandes y viajes más largos.

La implementación de paneles solares en los buques es otra innovación que está ganando terreno. Aunque actualmente no es viable utilizar la energía solar como fuente principal de propulsión para grandes embarcaciones, estos sistemas pueden complementar el suministro energético para funciones auxiliares, reduciendo la dependencia de los combustibles fósiles y mejorando la sostenibilidad operativa.

Por último, los sistemas de tratamiento de agua de lastre y las tecnologías para reducir las emisiones de óxidos de azufre y nitrógeno están transformando la manera en que los barcos interactúan con el medio ambiente. Estas innovaciones no solo cumplen con los requisitos legales, sino que también representan un paso hacia la creación de una industria marítima más responsable desde el punto de vista ecológico.

En conjunto, la combinación de barcos autónomos y energías renovables está configurando un futuro prometedor para el comercio marítimo. Estas tecnologías no solo abordan las necesidades económicas de eficiencia y reducción de costos, sino que también responden a las crecientes demandas de sostenibilidad y adaptación al cambio climático. Aunque los desafíos técnicos, regulatorios y financieros persisten, los avances en este campo sugieren que la industria marítima está preparada para una transformación radical, adaptándose a las exigencias de un mundo interconectado y en constante evolución.

La digitalización de la logística marítima está revolucionando la forma en que los bienes son transportados y gestionados a través de los océanos, marcando una era de eficiencia sin precedentes en una industria históricamente conocida por su dependencia de procesos manuales y sistemas fragmentados. Este fenómeno, impulsado por avances en tecnologías como el Internet de las Cosas (IoT), el blockchain, la inteligencia artificial (IA) y el big data, está transformando todas las etapas de la cadena de suministro marítima, desde la planificación y el embarque hasta el monitoreo y la entrega final.

Uno de los pilares de la digitalización en la logística marítima es la integración de dispositivos IoT en buques, contenedores y puertos. Los sensores IoT permiten un monitoreo continuo en tiempo real de múltiples variables, como la ubicación exacta de los contenedores, las condiciones ambientales dentro de ellos y el estado operativo de los barcos. Esto no solo mejora la visibilidad en la cadena de suministro, sino que también permite identificar y resolver problemas antes de que se conviertan en costosos retrasos. Por ejemplo, un sensor dentro de un contenedor refrigerado puede alertar automáticamente a los operadores si la temperatura se desvía de los rangos óptimos, asegurando que la carga perecedera llegue en perfectas condiciones.

La inteligencia artificial y el análisis de big data son herramientas cruciales para optimizar la logística marítima. Los algoritmos de IA pueden procesar grandes volúmenes de datos históricos y en tiempo real para predecir patrones de demanda, calcular las rutas más eficientes y gestionar las operaciones portuarias. Esto permite no solo reducir costos operativos, sino también mejorar la puntualidad en un entorno donde incluso un pequeño retraso puede tener un efecto dominó en la cadena de suministro global. Por ejemplo, al analizar datos meteorológicos, de tráfico marítimo y de rendimiento pasado, un sistema basado en IA puede recomendar ajustes en las rutas para evitar condiciones adversas y optimizar el consumo de combustible.

El blockchain, por su parte, está revolucionando la documentación y los contratos en el comercio marítimo. La industria, que tradicionalmente dependía de documentos en papel y procesos lentos, está adoptando esta tecnología para crear registros digitales inmutables y transparentes. Los contratos inteligentes basados en blockchain automatizan procesos como el pago de fletes y la transferencia de propiedad de bienes, reduciendo los tiempos de procesamiento y el riesgo de fraude. Además, los registros digitales compartidos facilitan el cumplimiento normativo y la trazabilidad, aspectos críticos en un entorno cada vez más regulado.

La digitalización también ha llegado a los puertos, que son nodos fundamentales en la logística marítima. Los puertos inteligentes utilizan sistemas automatizados para coordinar las operaciones de carga y descarga, reduciendo significativamente los tiempos de espera de los barcos. Las grúas automatizadas, guiadas por algoritmos de optimización, pueden operar con una precisión y velocidad inalcanzables para los métodos tradicionales. Además, los sistemas de gestión portuaria digitalizados permiten una coordinación fluida entre los diferentes actores involucrados, desde los operadores portuarios hasta los transportistas terrestres.

Una de las mayores ventajas económicas de la digitalización es la capacidad de reducir los costos derivados de ineficiencias y errores humanos. En una industria donde los márgenes pueden ser ajustados, la capacidad de automatizar procesos y tomar decisiones basadas en datos puede representar una ventaja competitiva significativa. Por ejemplo, la planificación de la capacidad de carga y la optimización de rutas basadas en análisis predictivo no solo ahorran combustible, sino que también maximizan la utilización de los recursos disponibles.

Además de los beneficios operativos y económicos, la digitalización está transformando la experiencia del cliente en la logística marítima. Las plataformas digitales permiten a los clientes rastrear sus envíos en tiempo real, recibir alertas automáticas sobre posibles retrasos y gestionar la documentación de manera más eficiente. Esto no solo mejora la satisfacción del cliente, sino que también fortalece las relaciones comerciales, al proporcionar un nivel de transparencia y confianza sin precedentes en una industria históricamente opaca.

Sin embargo, la adopción de la digitalización no está exenta de desafíos. La ciberseguridad es una preocupación creciente, ya que la interconexión de sistemas digitales aumenta la vulnerabilidad a ataques cibernéticos. Un ataque exitoso podría paralizar las operaciones de un puerto, comprometer datos sensibles o incluso desviar un barco, lo que subraya la necesidad de invertir en medidas de protección robustas. Además, la digitalización requiere una inversión inicial significativa en infraestructura y capacitación, lo que puede ser un obstáculo para los actores más pequeños en la industria.

Otro desafío importante es la interoperabilidad entre los diferentes sistemas digitales utilizados por los actores de la cadena de suministro marítima. Dado que las operaciones marítimas involucran a múltiples partes, desde armadores y operadores portuarios hasta transportistas y agentes aduanales, la falta de estándares comunes puede dificultar la integración de sistemas y limitar los beneficios de la digitalización.

A pesar de estos desafíos, la digitalización de la logística marítima representa una oportunidad transformadora para la industria. Con tecnologías que permiten una mayor eficiencia, transparencia y adaptabilidad, las empresas que adopten estas innovaciones estarán mejor posicionadas para competir en un entorno global cada vez más dinámico. La capacidad de anticiparse a las necesidades del mercado, minimizar los riesgos y maximizar la eficiencia operativa se está convirtiendo en un diferenciador clave en un sector que siempre ha sido el corazón del comercio internacional.

## 27 - El papel del comercio marítimo en un mundo post-globalización

El comercio marítimo, históricamente el eje central del intercambio global de bienes se enfrenta a un papel redefinido en un mundo que transita hacia una era post-globalización. Este concepto, que describe un periodo caracterizado por una reconfiguración de las relaciones económicas y políticas globales, pone en cuestión las dinámicas que durante décadas han sostenido el comercio internacional, particularmente las largas y complejas cadenas de suministro que conectan a las economías de todo el mundo. En este contexto, el comercio marítimo, aunque indispensable, está obligado a adaptarse a un entorno económico menos integrado, más regionalizado y profundamente influenciado por nuevas prioridades estratégicas y tecnológicas.

La globalización tradicional, alimentada por la apertura de mercados, la reducción de barreras arancelarias y el avance de tecnologías de transporte y comunicación, permitió al comercio marítimo convertirse en el motor principal de un sistema económico mundial interconectado. La dependencia de fábricas y proveedores ubicados a miles de kilómetros dio lugar a un crecimiento sin precedentes en el volumen de mercancías transportadas por mar. Sin embargo, los shocks recientes, como las tensiones geopolíticas, la pandemia de COVID-19 y el creciente proteccionismo económico, han expuesto las vulnerabilidades de este modelo, desencadenando un movimiento hacia un sistema más descentralizado y regionalizado.

En este nuevo panorama, el comercio marítimo se enfrenta a cambios fundamentales en sus flujos y dinámicas. Las largas rutas comerciales internacionales, que alguna vez fueron la norma, están siendo reevaluadas a favor de cadenas de suministro más cortas y resilientes. Las empresas, preocupadas por la dependencia excesiva de un solo proveedor o región, están buscando diversificar sus fuentes de producción y, en algunos casos, reubicar fábricas más cerca de los mercados de consumo, en un fenómeno conocido como "nearshoring". Este cambio tiene implicaciones significativas para las rutas marítimas tradicionales, que pueden ver reducida su importancia en favor de conexiones más regionales.

La fragmentación del comercio global también está siendo impulsada por tensiones geopolíticas y una creciente rivalidad entre grandes potencias económicas. La imposición de sanciones, restricciones comerciales y controles de exportación ha complicado el flujo de bienes entre ciertos países y regiones, obligando a las empresas a rediseñar sus cadenas de suministro para evitar conflictos o cumplir con regulaciones más estrictas. Para el comercio marítimo, esto significa no solo cambios en los volúmenes de carga y las rutas utilizadas, sino también una mayor presión para cumplir con un mosaico de regulaciones cada vez más complejo.

A pesar de estas transformaciones, el comercio marítimo sigue siendo esencial para la economía mundial, aunque con un enfoque renovado en la resiliencia y la sostenibilidad. Los operadores marítimos están invirtiendo en tecnologías y estrategias que les permitan adaptarse a este nuevo entorno. Por ejemplo, la digitalización y el uso de big data están desempeñando un papel crucial en la optimización de las operaciones logísticas, permitiendo a las compañías navieras adaptarse más rápidamente a cambios en la demanda y los flujos comerciales. Al mismo tiempo, los avances en energías renovables y combustibles de bajo carbono están transformando el diseño y la operación de los buques, en respuesta a las crecientes presiones regulatorias y de mercado para reducir las emisiones de gases de efecto invernadero.

El cambio hacia un sistema económico menos globalizado también ha generado nuevas oportunidades para el comercio marítimo en regiones que buscan fortalecer su integración económica. Por ejemplo, iniciativas como el Acuerdo de Asociación Económica Integral Regional (RCEP) en Asia y el Acuerdo de Libre Comercio Continental Africano (AfCFTA) están fomentando un comercio más activo dentro de estas regiones, aumentando la demanda de conexiones marítimas regionales. Esto subraya el papel continuo del transporte marítimo como facilitador clave del comercio, incluso en un entorno menos globalizado.

Sin embargo, la transición hacia un modelo post-globalización no está exenta de desafíos. Los costos asociados con la reconfiguración de cadenas de suministro, la incertidumbre geopolítica y la necesidad de cumplir con estándares medioambientales más estrictos están ejerciendo una presión considerable sobre la industria marítima. Además, la fragmentación del comercio global puede dar lugar a una mayor competencia entre puertos y operadores marítimos, lo que a su vez podría intensificar la necesidad de innovación y eficiencia.

En última instancia, el papel del comercio marítimo en un mundo post-globalización está definido por su capacidad de adaptarse y evolucionar. Aunque el panorama económico global está cambiando, la necesidad de transportar bienes a través de los océanos sigue siendo fundamental. La diferencia radica en cómo se organiza y optimiza este flujo en un mundo que prioriza la resiliencia, la sostenibilidad y la regionalización sobre la pura eficiencia global.

28- Retos geopolitícos y su impacto en las rutas marítimas

El comercio marítimo, pilar esencial del sistema económico global, enfrenta crecientes desafíos derivados de las tensiones geopolíticas que moldean las dinámicas internacionales. A lo largo de la historia, los conflictos políticos y militares han influido profundamente en las rutas marítimas, desde la rivalidad entre potencias coloniales hasta las disputas actuales por el control de recursos estratégicos y territorios clave. En el siglo XXI, estos retos se han intensificado debido a la interdependencia económica global, el auge de nuevas potencias regionales y la creciente competencia por el acceso a rutas comerciales, infraestructuras críticas y recursos energéticos.

Uno de los impactos más evidentes de los retos geopolíticos en las rutas marítimas es la amenaza directa a su seguridad. Las tensiones en puntos estratégicos como el Estrecho de Ormuz, el Mar de China Meridional y el Golfo de Adén tienen repercusiones inmediatas en el comercio marítimo global. Por ejemplo, el Estrecho de Ormuz, por donde transita cerca del 20% del petróleo mundial, ha sido escenario de múltiples enfrentamientos, tensando el suministro energético global y generando incertidumbre en los mercados. En el Mar de China Meridional, las reclamaciones territoriales de China sobre áreas disputadas y la militarización de islas artificiales han creado un entorno de tensión permanente, complicando el paso de buques comerciales y alterando las rutas tradicionales.

Además de las amenazas directas, los conflictos geopolíticos también generan impactos indirectos que reconfiguran las rutas marítimas y los patrones comerciales. Las sanciones económicas, por ejemplo, han alterado significativamente el flujo de bienes en los últimos años. Las restricciones impuestas a países como Rusia, Irán y Corea del Norte han obligado a las empresas a rediseñar sus cadenas de suministro, evitando rutas que antes eran fundamentales. Estas reconfiguraciones implican costos más elevados, mayores tiempos de tránsito y una mayor complejidad logística para las compañías navieras, que deben equilibrar la necesidad de cumplir con las regulaciones internacionales con la presión por mantener la competitividad.

Otro aspecto relevante es la competencia por el control de infraestructuras marítimas críticas. Puertos estratégicos como el de Djibouti, que sirve de puerta de entrada al Mar Rojo, y los canales de Suez y Panamá han adquirido una importancia geopolítica extraordinaria. El control o influencia sobre estas infraestructuras no solo asegura un acceso privilegiado a rutas comerciales vitales, sino que también otorga poder sobre el flujo de bienes esenciales, como alimentos, petróleo y materias primas. Esta competencia ha llevado a potencias globales y regionales a invertir considerablemente en la modernización y expansión de sus infraestructuras portuarias, así como en el fortalecimiento de su presencia militar en regiones clave.

Los retos geopolíticos también han generado una creciente preocupación por la vulnerabilidad de las cadenas de suministro marítimas frente a posibles interrupciones. El bloqueo del Canal de Suez en 2021, causado por el encallamiento del buque *Ever Given*, demostró la fragilidad de las rutas comerciales globales y el enorme impacto económico que puede derivarse de una interrupción incluso temporal. Este incidente, aunque no fue resultado directo de tensiones geopolíticas, subrayó la necesidad de diversificar las rutas y reforzar la resiliencia del sistema logístico global frente a contingencias políticas o físicas.

En este contexto, el Ártico ha emergido como un nuevo foco de interés geopolítico, ya que el deshielo causado por el cambio climático ha abierto nuevas rutas marítimas potenciales. Países como Rusia, Canadá y Estados Unidos, así como actores extrarregionales como China, han mostrado un interés creciente en explotar estas rutas, que podrían reducir significativamente los tiempos de tránsito entre Europa y Asia. Sin embargo, la falta de un marco regulatorio claro y las tensiones entre los países involucrados plantean desafíos considerables para el desarrollo de estas rutas.

Asimismo, las disputas territoriales y la competencia por recursos energéticos han intensificado la militarización de ciertas regiones marítimas, afectando la libertad de navegación y elevando los costos de transporte. Las compañías navieras, preocupadas por la seguridad de sus tripulaciones y cargamentos, han comenzado a invertir en medidas de seguridad adicionales, como escoltas armadas y seguros contra riesgos políticos, lo que incrementa los costos operativos y, en última instancia, los precios de los bienes transportados.

Los retos geopolíticos no solo afectan a las rutas marítimas, sino también a la percepción del comercio marítimo como un motor de estabilidad global. Las tensiones entre grandes potencias, la creciente rivalidad económica y las disputas por recursos naturales han creado un entorno de incertidumbre que dificulta la planificación a largo plazo y desalienta la inversión en infraestructuras y tecnologías innovadoras. A pesar de estos desafíos, el comercio marítimo sigue siendo una pieza fundamental del sistema económico global, y su capacidad para adaptarse a las cambiantes realidades geopolíticas será clave para garantizar su sostenibilidad en el futuro.

El comercio marítimo, como columna vertebral de la economía global, enfrenta una transformación necesaria en su búsqueda por alcanzar la sostenibilidad y la equidad en un mundo marcado por desafíos ambientales, sociales y económicos. Las crecientes preocupaciones por el cambio climático, las desigualdades económicas y la necesidad de preservar los océanos están empujando a la industria a replantear sus prácticas y a adoptar un enfoque más consciente, que combine el desarrollo económico con la responsabilidad ambiental y social.

La sostenibilidad en el comercio marítimo comienza con la transición hacia tecnologías más limpias y eficientes. Los combustibles fósiles, que han sido la fuente predominante de energía para los buques durante más de un siglo, son responsables de una parte significativa de las emisiones globales de dióxido de carbono y otros contaminantes. Para mitigar su impacto ambiental, la industria ha empezado a explorar alternativas como el uso de combustibles de bajo carbono, hidrógeno verde, amoníaco y baterías eléctricas. Además, la implementación de tecnologías innovadoras, como sistemas de propulsión híbrida, velas automatizadas y paneles solares integrados, promete reducir la huella de carbono de los barcos modernos.

Sin embargo, el cambio hacia fuentes de energía sostenible no está exento de desafíos. La adaptación a estas nuevas tecnologías requiere inversiones significativas en investigación y desarrollo, así como en la modernización de las flotas existentes. Los costos iniciales suelen ser prohibitivos, especialmente para operadores más pequeños, lo que pone de manifiesto la necesidad de apoyo financiero y colaboración internacional para garantizar una transición justa. Organizaciones como la

Organización Marítima Internacional (OMI) han comenzado a establecer regulaciones más estrictas sobre emisiones, incentivando a las navieras a adoptar prácticas más limpias y sostenibles, pero la implementación de estas normas varía significativamente entre regiones y actores.

La equidad en el comercio marítimo también plantea un enfoque crítico hacia la distribución de costos y beneficios en la cadena de suministro global. Si bien el comercio marítimo ha sido fundamental para conectar economías y facilitar el acceso a bienes esenciales, los beneficios de esta interconexión no se han distribuido de manera equitativa. Las naciones en desarrollo, muchas de las cuales dependen en gran medida de la exportación de materias primas, a menudo enfrentan barreras como tarifas desproporcionadas, infraestructura portuaria insuficiente y falta de acceso a tecnologías modernas. Esto perpetúa una dinámica en la que los países más ricos se benefician desproporcionadamente de las ventajas del comercio global, mientras que los más pobres luchan por participar en igualdad de condiciones.

Para abordar estas desigualdades, es crucial invertir en infraestructura portuaria sostenible en regiones subdesarrolladas, fomentando la conectividad y reduciendo los costos logísticos. Esto no solo promoverá un comercio más equitativo, sino que también estimulará el crecimiento económico y la creación de empleo en estas áreas. Asimismo, la digitalización de la logística marítima puede desempeñar un papel clave en la mejora de la transparencia y la eficiencia de las cadenas de suministro, permitiendo una distribución más justa de los recursos y los beneficios.

La preservación de los ecosistemas marinos es otro aspecto central en la visión de un comercio marítimo sostenible. Los océanos, que cubren más del 70% de la superficie terrestre, son esenciales para la regulación climática, la biodiversidad y los medios de vida de millones de personas. Sin embargo, el aumento del tráfico marítimo, la contaminación por plásticos y el vertido de residuos peligrosos han puesto en riesgo la salud de los océanos. Las normativas internacionales, como la prohibición de utilizar combustibles con alto contenido de azufre y la gestión adecuada del agua de lastre, son pasos importantes hacia la mitigación de estos impactos, pero se requiere un esfuerzo colectivo más ambicioso.

Un comercio marítimo sostenible y equitativo también debe considerar el bienestar de las personas que trabajan en la industria. Los marinos, quienes constituyen el corazón del transporte marítimo, a menudo enfrentan condiciones laborales precarias, largas horas de trabajo y aislamiento prolongado. La pandemia de COVID-19 puso de manifiesto la vulnerabilidad de esta fuerza laboral, con miles de tripulantes varados en alta mar durante meses debido a restricciones de viaje y cambios en las tripulaciones. Garantizar condiciones laborales dignas, salarios justos y acceso a servicios de salud y bienestar es fundamental para construir un comercio marítimo más humano y equitativo.

La colaboración internacional será esencial para lograr un comercio marítimo verdaderamente sostenible y equitativo. Gobiernos, organizaciones internacionales, empresas y la sociedad civil deben trabajar juntos para establecer estándares comunes, compartir conocimientos y recursos, y fomentar la innovación. La implementación de mecanismos financieros como impuestos al carbono y subsidios para tecnologías limpias puede ayudar a acelerar la transición hacia una industria más verde y justa. Asimismo, es vital incluir a las comunidades costeras y a los países en desarrollo en el proceso de toma de decisiones, asegurando que sus necesidades y perspectivas sean consideradas.

El futuro del comercio marítimo depende de nuestra capacidad para equilibrar las demandas económicas con la responsabilidad ambiental y social. Si bien los desafíos son inmensos, también lo son las oportunidades para redefinir el papel de esta industria en el mundo. A medida que el comercio marítimo avanza hacia una nueva era, su capacidad para adaptarse y liderar el cambio será fundamental para construir un sistema económico global más resiliente, inclusivo y sostenible.

El comercio marítimo contemporáneo está dominado por grandes compañías que desempeñan un papel central en el movimiento de bienes a escala global. Estas empresas no solo representan una parte significativa de la economía mundial, sino que también son actores clave en la configuración de las cadenas de suministro internacionales y la integración económica de los mercados. Su influencia se extiende desde la gestión de enormes flotas de buques hasta la operación de terminales portuarias, pasando por la implementación de tecnologías avanzadas que transforman la logística marítima. Este análisis aborda el surgimiento, consolidación y operación de estas compañías, su impacto económico y las dinámicas que han definido su posición en la industria.

El desarrollo de grandes compañías de transporte marítimo tiene sus raíces en la expansión del comercio global durante la segunda mitad del siglo XX. La globalización, junto con el auge del contenedor estándar, impulsó una revolución logística que permitió a las empresas optimizar costos y ampliar su alcance comercial. Este contexto favoreció la consolidación de navieras que buscaban maximizar la eficiencia mediante economías de escala. Entre las más destacadas se encuentran gigantes como Maersk, MSC (Mediterranean Shipping Company), COSCO Shipping, CMA CGM y Hapag-Lloyd, que actualmente dominan el transporte de contenedores a nivel mundial.

Estas compañías manejan vastas flotas que comprenden algunos de los buques más grandes jamás construidos, con capacidades que superan los 24,000 TEU (unidad equivalente a veinte pies, por sus siglas en inglés). Este nivel de operación les permite reducir el costo por unidad transportada, un factor crucial para mantenerse competitivas en un sector caracterizado por márgenes ajustados y una fuerte competencia. Sin embargo, la construcción y mantenimiento de estas flotas requieren inversiones masivas, lo que limita la entrada de nuevos competidores y refuerza la posición dominante de las compañías establecidas.

La influencia económica de estas empresas no se limita al transporte marítimo. Su control sobre cadenas logísticas completas, desde la carga en los puertos de origen hasta la entrega en el destino final, les permite actuar como integradores de servicios. Esta integración vertical ha sido posible gracias a la adquisición de empresas de logística terrestre, aéreas y portuarias, consolidando un modelo de negocio que maximiza la eficiencia operativa y refuerza su control sobre los mercados. Por ejemplo, Maersk ha transformado su estrategia en los últimos años para convertirse en una compañía de logística integral, mientras que MSC ha expandido su presencia en terminales portuarias en todo el mundo.

El impacto económico de estas grandes compañías también se refleja en los puertos que operan como centros de sus redes comerciales. Los principales puertos, como Rotterdam, Shanghái, Singapur y Los Ángeles, se han convertido en nodos clave de las cadenas de suministro globales, con niveles de actividad que generan empleo y crecimiento económico en las regiones circundantes. Sin embargo, esta dependencia también puede convertirse en un riesgo, ya que cualquier interrupción en las operaciones de estos puertos puede tener consecuencias significativas para las cadenas de suministro globales, como se evidenció durante la pandemia de COVID-19.

El poder concentrado en estas empresas también ha planteado preocupaciones sobre la competencia en el mercado marítimo. La formación de alianzas estratégicas, como la 2M Alliance

(Maersk y MSC) y la Ocean Alliance (COSCO, CMA CGM, Evergreen y OOCL), ha permitido a las compañías coordinar servicios y compartir recursos, lo que puede traducirse en una mayor eficiencia. Sin embargo, estas prácticas también han generado críticas por parte de reguladores y analistas, quienes argumentan que pueden limitar la competencia y dar lugar a un aumento de precios para los usuarios finales.

Además, estas compañías enfrentan presiones crecientes para abordar los desafíos ambientales y sociales asociados con sus operaciones. La transición hacia flotas más sostenibles, mediante el uso de combustibles bajos en carbono y la adopción de tecnologías limpias, representa un desafío tanto técnico como financiero. Empresas como Maersk han liderado el camino con compromisos de reducir sus emisiones de carbono y probar combustibles alternativos, pero la adopción generalizada en la industria aún enfrenta barreras significativas. Del mismo modo, las condiciones laborales de los marinos y otros trabajadores de la industria siguen siendo un área de preocupación, con demandas crecientes por mejoras en los derechos y el bienestar de los empleados.

El futuro de estas grandes compañías estará moldeado por su capacidad para adaptarse a un entorno global en constante cambio. La evolución tecnológica, la presión por cumplir con objetivos ambientales más estrictos y las dinámicas geopolíticas serán factores clave en su desarrollo. Al mismo tiempo, su papel como intermediarios esenciales en el comercio global asegura que seguirán siendo actores influyentes en la economía mundial. A medida que la industria evoluciona, el éxito de estas empresas dependerá de su habilidad para equilibrar las demandas económicas, sociales y ambientales en un mundo cada vez más interconectado y consciente de su impacto colectivo.

Un ejemplo de liderazgo Global en el Comercio Marítimo y Logístico

Maersk, oficialmente A.P. Møller-Maersk, es una empresa danesa que se ha convertido en sinónimo de transporte marítimo y logística global. Fundada en 1904 por Arnold Peter Møller y su padre, Peter Mærsk Møller, en la ciudad de Svendborg, Dinamarca, la compañía comenzó como un modesto operador de barcos de vapor. Durante sus primeros años, Maersk operaba principalmente en rutas regionales en Europa, pero su visión de expansión pronto la llevó a incursionar en mercados internacionales.

En el periodo de entreguerras, Maersk diversificó sus operaciones, añadiendo servicios de transporte de petróleo y carga general. La Segunda Guerra Mundial representó un desafío importante, ya que varios de sus barcos fueron requisados o destruidos, pero el final del conflicto marcó un periodo de crecimiento sostenido. La década de 1950 fue crucial, ya que la empresa comenzó a utilizar contenedores, una tecnología incipiente que transformaría por completo el comercio marítimo global.

A lo largo del siglo XX, Maersk consolidó su posición como líder del sector marítimo. En la década de 1970, estableció su división de transporte de contenedores, Maersk Line, que pronto se convirtió en la mayor del mundo gracias a su enfoque en la eficiencia, la innovación y las economías de escala. Durante los años 90 y 2000, Maersk adquirió diversas compañías, como Sea-Land y P&O Nedlloyd, lo que amplió aún más su capacidad operativa y su red global.

Hoy en día, Maersk opera en más de 130 países y emplea a más de 100,000 personas en todo el mundo. Su flota, una de las mayores y más modernas del mundo, incluye más de 700 buques, entre portacontenedores, petroleros y barcos especializados. En 2023, transportó alrededor de 12 millones de TEU (unidades equivalentes a veinte pies), lo que equivale a una capacidad de carga de aproximadamente 1.2 mil millones de toneladas métricas de mercancías anuales.

Maersk no ha estado exento de desafíos. Uno de los episodios más significativos ocurrió en 2017, cuando la empresa fue víctima de un ciberataque masivo conocido como NotPetya. Este ataque paralizó sus operaciones durante semanas, causando pérdidas estimadas en 300 millones de dólares. El incidente subrayó la vulnerabilidad de la infraestructura tecnológica de la industria y llevó a Maersk a invertir considerablemente en sistemas de seguridad y resiliencia digital.

En términos de mercado, la compañía ha enfrentado presiones derivadas de la competencia feroz, los ciclos económicos y las interrupciones en las cadenas de suministro globales, como las causadas por la pandemia de COVID-19. La congestión portuaria y el aumento de los costos del combustible también han sido problemas recurrentes que han afectado sus márgenes de ganancia.

Uno de los mayores retos actuales para Maersk es su transición hacia la sostenibilidad. En 2021, la compañía se comprometió a alcanzar la neutralidad de carbono (Net-Zero) para 2040, adelantando su objetivo inicial de 2050. Este compromiso incluye no solo la reducción de emisiones en sus operaciones directas, sino también en su cadena de valor completa.

Maersk ha liderado la industria en la adopción de tecnologías más limpias. En 2023, lanzó sus primeros barcos alimentados con metanol verde, un combustible alternativo que reduce significativamente las emisiones de carbono. Además, está invirtiendo en la investigación de combustibles sintéticos, hidrógeno y amoníaco, así como en la electrificación de sus operaciones portuarias.

La empresa también está desarrollando estrategias para optimizar rutas y reducir el consumo de combustible mediante el uso de inteligencia artificial y análisis de datos. Estas medidas no solo son un paso hacia la sostenibilidad, sino que también refuerzan su posición como líder innovador en la industria.

Maersk sigue siendo la mayor compañía de transporte marítimo de contenedores del mundo por capacidad y cobertura. Aunque enfrenta competencia de gigantes como MSC y COSCO, su estrategia de diversificación y su enfoque en la logística integrada le han permitido mantenerse en la cima. La empresa ha expandido sus servicios para abarcar no solo el transporte marítimo, sino también soluciones de cadena de suministro de extremo a extremo, incluyendo transporte terrestre, almacenamiento y distribución.

A largo plazo, el futuro de Maersk estará marcado por su capacidad para adaptarse a un entorno global en constante cambio. El auge de la digitalización, las tensiones geopolíticas y las regulaciones ambientales más estrictas influirán en su evolución. Con su enfoque en la sostenibilidad, la innovación tecnológica y la expansión de servicios, Maersk está bien posicionada para seguir liderando la transformación del comercio marítimo global.

Conclusión

## 31 - Reflexiones finales sobre la evolución y futuro del comercio marítimo

El comercio marítimo, a lo largo de su historia, ha evolucionado desde un conjunto de rutas rudimentarias hasta convertirse en la columna vertebral de la economía global. Hoy en día, más del 80% del comercio internacional por volumen y alrededor del 70% por valor transitan por los océanos. En un contexto donde las cadenas de suministro se han extendido hasta abarcar cada rincón del planeta, el comercio marítimo representa el flujo vital que conecta mercados, industrias y consumidores en una red interdependiente que moldea la dinámica económica del mundo moderno.

Reflexionar sobre el papel del comercio marítimo en la economía global implica reconocer cómo ha permitido la especialización económica a escala planetaria. En ausencia de rutas marítimas, la economía global se reduciría a islas de producción y consumo autosuficientes, limitadas por los costos prohibitivos del transporte terrestre o aéreo. El mar, con su capacidad de albergar barcos de inmenso tamaño, permite transportar millones de toneladas de mercancías a costos marginales que serían imposibles de alcanzar de otro modo. Esto ha fomentado el comercio internacional al reducir drásticamente los costos de transacción, una característica esencial para el desarrollo económico de las naciones.

La eficiencia del comercio marítimo, sin embargo, no es un resultado espontáneo, sino el producto de siglos de avances tecnológicos, ingenio humano y adaptación a las demandas cambiantes del mercado. Desde las primeras embarcaciones de vela hasta los modernos portacontenedores y superpetroleros, la evolución de la ingeniería naval ha sido un reflejo de las necesidades económicas del momento. La invención del contenedor estándar en la década de 1950, por ejemplo, revolucionó la logística marítima al permitir la manipulación eficiente y estandarizada de cargas, reduciendo los tiempos de escala en puerto y abaratando enormemente los costos de transporte por unidad. Este invento, simple en concepto pero monumental en impacto, ha permitido que bienes fabricados en Asia puedan ser vendidos en Europa o América del Norte a precios competitivos, alimentando una globalización que ha transformado el paisaje económico mundial.

Los avances tecnológicos no solo han reducido los costos, sino que también han incrementado la capacidad de los barcos. Los buques actuales pueden transportar miles de contenedores o cientos de miles de toneladas de petróleo en un solo viaje, lo que ha resultado en economías de escala que reducen aún más los costos unitarios. Pero este crecimiento exponencial no está exento de desafíos. Las rutas marítimas, aunque vastas, están condicionadas por cuellos de botella estratégicos como el Canal de Suez, el Canal de Panamá o los estrechos de Malaca y Ormuz. Estas áreas, esenciales para el tránsito global, representan riesgos significativos para el comercio, ya que cualquier interrupción, ya sea por conflictos geopolíticos, desastres naturales o accidentes, puede causar enormes disrupciones en las cadenas de suministro.

Un aspecto clave de la economía marítima que ha ganado relevancia en los últimos años es la sostenibilidad. El transporte marítimo, aunque más eficiente en términos de emisiones por tonelada transportada en comparación con otros modos de transporte, sigue siendo una fuente considerable de gases de efecto invernadero y contaminación ambiental. La Organización Marítima Internacional (OMI) ha impuesto regulaciones más estrictas para reducir las emisiones de azufre y carbono, lo que ha llevado a las navieras a invertir en tecnologías más limpias, como buques propulsados por gas natural licuado (GNL), motores híbridos y, en el futuro, hidrógeno o amoníaco. Estas transiciones, aunque necesarias desde un punto de vista ambiental, representan enormes desafíos económicos, ya que los costos iniciales de implementación son elevados y los márgenes en la industria son relativamente bajos.

Además, las tensiones geopolíticas y las guerras comerciales están remodelando el panorama del comercio marítimo. Las disputas entre Estados Unidos y China, por ejemplo, han llevado a cambios en las cadenas de suministro globales, mientras que la invasión de Ucrania y las sanciones asociadas han reconfigurado las rutas para productos básicos como el petróleo y los cereales. Estos eventos han puesto de manifiesto la vulnerabilidad del comercio marítimo ante factores externos, pero también han resaltado su resiliencia. A pesar de las interrupciones, la industria ha demostrado una notable capacidad para adaptarse, ajustando rutas, diversificando flotas y adoptando nuevas tecnologías para mantener el flujo de bienes.

La concentración del poder económico en unas pocas grandes compañías navieras también es un tema de relevancia económica. Empresas como Maersk, MSC y COSCO controlan una parte significativa del tonelaje mundial, permitiéndoles influir en las tarifas de flete y las condiciones del comercio marítimo global. Este nivel de concentración, aunque beneficioso en términos de economías de escala, también plantea preguntas sobre la competencia y la equidad en el mercado. Las empresas más pequeñas encuentran cada vez más difícil competir en un entorno donde los gigantes del sector pueden ofrecer tarifas más bajas y servicios más eficientes gracias a sus vastos recursos y redes.

La digitalización también está transformando la economía marítima. Desde sistemas avanzados de seguimiento de carga hasta el uso de inteligencia artificial para optimizar rutas, la integración de tecnología está permitiendo una eficiencia sin precedentes. La blockchain, por ejemplo, está comenzando a ser adoptada para mejorar la transparencia y reducir los costos administrativos asociados con el comercio marítimo. Estas innovaciones no solo hacen que el transporte sea más rápido y barato, sino que también generan nuevas oportunidades económicas al reducir las barreras de entrada para pequeños exportadores en mercados emergentes.

El futuro del comercio marítimo estará marcado por una convergencia de factores económicos, tecnológicos y regulatorios. La necesidad de reducir las emisiones y mejorar la sostenibilidad se combinará con la creciente demanda de transporte impulsada por el aumento de la población mundial y el crecimiento económico en regiones en desarrollo. Esto requerirá inversiones masivas en nuevas tecnologías, flotas más limpias y la modernización de infraestructuras portuarias. Al mismo tiempo, la creciente automatización podría transformar la naturaleza del trabajo en la industria, reduciendo los costos laborales pero planteando nuevos desafíos en términos de empleo y distribución de la riqueza.

Cada innovación, desde el contenedor hasta los barcos autónomos, ha sido impulsada por la necesidad de superar las limitaciones existentes y aprovechar nuevas oportunidades económicas. Este impulso hacia la eficiencia y la conectividad seguirá definiendo el sector en las próximas décadas, mientras enfrenta los desafíos de un mundo cambiante y busca mantener su posición como el motor invisible de la economía mundial.

32- Su legado como factor clave en el desarrollo de la humanidad

El comercio marítimo mantiene un legado monumental en el desarrollo de la humanidad, no solo como medio para conectar geografías distantes, sino como un engranaje esencial en la maquinaria económica global que ha permitido a las civilizaciones prosperar, a los imperios consolidarse y a los mercados evolucionar. Desde las primeras embarcaciones que surcaron las aguas en busca de bienes escasos hasta los modernos buques portacontenedores que transportan miles de toneladas de mercancías, el comercio marítimo se ha mantenido como un factor constante en el progreso material de las sociedades humanas. Este legado está profundamente entrelazado con la expansión económica, el aumento de la productividad, la integración de mercados y la formación de redes comerciales internacionales que han moldeado el mundo moderno.

En términos puramente económicos, el comercio marítimo ha sido y es el eje sobre el que se han sostenido las cadenas de suministro globales. Su capacidad para mover grandes volúmenes de bienes a costos marginales extremadamente bajos ha permitido el desarrollo de la especialización económica a escala global. Países y regiones enteras han podido concentrarse en producir bienes en los que tienen una ventaja comparativa, desde textiles en Asia hasta productos tecnológicos en Norteamérica y recursos naturales en África y Sudamérica. Esta especialización, facilitada por el transporte marítimo, ha dado lugar a un aumento masivo de la eficiencia económica, a la vez que ha democratizado el acceso a una amplia variedad de productos en prácticamente todos los rincones del planeta.

El comercio marítimo no solo ha permitido el intercambio de bienes, sino que también ha sido el vehículo para transferir tecnologías, ideas y prácticas comerciales, generando un impacto profundo en las estructuras económicas locales y globales. En la antigüedad, rutas como la Marítima de la Seda o los intercambios entre el Mediterráneo y el norte de África permitieron la difusión de conocimientos agrícolas, avances en la ingeniería y sistemas financieros básicos que posteriormente sentaron las bases de las economías modernas. A través de los siglos, el comercio marítimo ha sido también el canal para la exportación de modelos económicos exitosos ya sea en forma de la banca veneciana, las corporaciones multinacionales de la Era de los Descubrimientos o las prácticas de manufactura globalizadas del siglo XX.

El impacto del comercio marítimo sobre la acumulación de riqueza y el desarrollo de capital también es significativo. Desde las rutas especieras de la Edad Media hasta la extracción de recursos minerales durante la Revolución Industrial, el transporte marítimo ha sido la base para el establecimiento de mercados lucrativos que enriquecieron a comerciantes, naciones y compañías. Ciudades como Venecia, Ámsterdam y Londres se convirtieron en los centros neurálgicos de vastas redes comerciales marítimas, atrayendo capital, talento y tecnologías que impulsaron sus economías hacia un crecimiento sin precedentes. Este proceso de acumulación de riqueza permitió no solo el desarrollo de infraestructuras clave, como puertos y astilleros, sino también la formación de sistemas bancarios y financieros modernos diseñados para respaldar la expansión del comercio.

El legado económico del comercio marítimo también se manifiesta en la manera en que ha configurado los mercados laborales. La demanda de marineros, astilleros, operadores portuarios y logísticos ha sido un motor constante de empleo en las regiones costeras, proporcionando medios de vida a millones de personas a lo largo de la historia. A su vez, esto ha fomentado la formación de comunidades marítimas especializadas y altamente capacitadas, capaces de innovar en tecnologías navales y procesos logísticos que han hecho avanzar la industria. Incluso en la era contemporánea, donde la automatización comienza a transformar el panorama laboral, el comercio marítimo sigue siendo un pilar importante para el empleo global, con sectores como la construcción naval y la gestión portuaria desempeñando roles críticos.

Uno de los aspectos más sobresalientes del legado del comercio marítimo es su capacidad para reducir costos, un factor que ha transformado no solo la economía global, sino también la vida cotidiana de las personas. El transporte de bienes por mar es, con diferencia, la forma más barata de mover mercancías a largas distancias. Por ejemplo, un contenedor cargado de productos electrónicos, ropa o alimentos puede viajar miles de kilómetros por un costo que representa solo una fracción del precio final de los productos. Esta economía de escala no solo ha permitido a las empresas aumentar sus márgenes de ganancia, sino que también ha hecho que los productos importados sean accesibles para los consumidores de todos los niveles socioeconómicos. La globalización del comercio, impulsada en gran parte por el transporte marítimo, ha reducido las barreras de entrada al mercado internacional, permitiendo que incluso pequeñas y medianas empresas participen en la economía global.

El comercio marítimo también desempeña un papel crucial en la formación de las políticas económicas y comerciales a nivel global. Los tratados de libre comercio, los acuerdos de exportación e importación y las regulaciones marítimas internacionales son todos testamentos del impacto estructural que ha tenido esta industria. A medida que los países buscaban maximizar sus ganancias comerciales, el comercio marítimo se convirtió en un tema prioritario en las negociaciones diplomáticas y en la planificación estratégica nacional. Esto no solo ha llevado a la creación de organismos internacionales como la Organización Marítima Internacional (OMI), sino que también ha fomentado la colaboración y la competencia entre naciones para dominar las rutas comerciales más rentables.

El legado del comercio marítimo no está exento de controversias. Desde la explotación colonial hasta las desigualdades económicas que persisten en las rutas comerciales actuales, esta industria ha sido tanto un motor de progreso como una fuente de tensiones económicas y sociales. Sin embargo, estos desafíos han impulsado innovaciones y reformas que han moldeado el comercio marítimo en una herramienta más equitativa y sostenible. La búsqueda actual de soluciones tecnológicas para reducir las emisiones de carbono y la implementación de prácticas comerciales justas son ejemplos de cómo la industria está respondiendo a las demandas contemporáneas, al mismo tiempo que se esfuerza por mantener su papel central en la economía global.

El comercio marítimo es factor fundamental en el desarrollo económico de la humanidad y en nuestra vida en general. Su capacidad para conectar economías, generar riqueza, fomentar la especialización y transformar mercados no tiene paralelo. En cada etapa de la historia, desde los días de las primitivas balsas hasta los colosos modernos del transporte marítimo, esta industria ha sido un reflejo de la evolución económica global. Su legado no es solo el de un medio de transporte, sino el de un pilar fundamental sobre el que se ha construido la economía moderna, asegurando que el progreso humano siga navegando hacia nuevos horizontes.

Epílogo

El comercio marítimo, motor esencial de la economía global y columna vertebral de las cadenas de suministro internacionales, enfrenta un desafío existencial en el siglo XXI: encontrar respuestas sostenibles y viables que permitan satisfacer las crecientes necesidades de una población mundial en constante expansión. Con más de 8 mil millones de personas en el planeta y proyecciones de crecimiento que anticipan un aumento considerable en las próximas décadas, la demanda de bienes, recursos y servicios continuará escalando. En este contexto, el comercio marítimo se ve obligado a adaptarse, no solo para mantener su posición como principal medio de transporte de mercancías, sino también para garantizar que su funcionamiento sea compatible con las exigencias de sostenibilidad ambiental, eficiencia energética y equidad económica que dictarán las dinámicas futuras del mercado global.

Desde un punto de vista económico, el comercio marítimo debe reconciliar su necesidad de crecimiento con la creciente presión para reducir su huella ambiental. La industria marítima es responsable de aproximadamente el 3% de las emisiones globales de gases de efecto invernadero, un porcentaje que, aunque aparentemente modesto, se vuelve significativo dada la magnitud de las operaciones globales. Enfrentar esta realidad implica una inversión considerable en tecnologías limpias y en la transición hacia fuentes de energía más sostenibles. El desarrollo de buques que operen con combustibles alternativos, como el hidrógeno verde, el amoníaco o los biocombustibles avanzados, se presenta como una solución necesaria, aunque aún enfrenta retos relacionados con la viabilidad económica y la infraestructura requerida para su adopción a gran escala.

La economía del hidrógeno, por ejemplo, podría redefinir el transporte marítimo al ofrecer una alternativa libre de emisiones para alimentar motores de barcos, pero su implementación exige una red global de suministro y estaciones de recarga, lo que requerirá una coordinación internacional sin precedentes y significativas inversiones iniciales. Del mismo modo, la electrificación parcial de las flotas mediante baterías avanzadas podría ser viable para embarcaciones de corta distancia, como los ferris o los barcos de abastecimiento portuario. Sin embargo, para los grandes buques portacontenedores y superpetroleros que recorren rutas intercontinentales, estas soluciones aún deben superar desafíos relacionados con la densidad energética y la durabilidad.

El costo de la transición hacia un comercio marítimo más sostenible será elevado, pero sus beneficios económicos a largo plazo son innegables. La adopción de tecnologías verdes no solo permitirá a la industria cumplir con los compromisos internacionales, como los establecidos por la Organización Marítima Internacional (OMI) en su estrategia de descarbonización, sino que también ofrecerá ventajas competitivas a las empresas que lideren el cambio. Los consumidores y las empresas, cada vez más conscientes del impacto ambiental de sus elecciones, están dispuestos a priorizar cadenas de suministro que demuestren un compromiso con la sostenibilidad. Esto crea una nueva dinámica de mercado en la que las inversiones en sostenibilidad no solo son un imperativo ético, sino también un factor decisivo para asegurar la rentabilidad futura.

La optimización de las operaciones logísticas mediante la digitalización y la inteligencia artificial (IA) está transformando el comercio marítimo, convirtiéndolo en un sistema más eficiente, flexible y rentable. La integración de estas tecnologías no solo mejora los procesos internos de las compañías navieras, sino que también reconfigura la interacción entre los distintos actores de la cadena de suministro global, generando ahorros sustanciales y permitiendo una adaptabilidad sin precedentes frente a los desafíos del mercado.

La digitalización, como proceso general, implica la conversión de datos físicos y analógicos en formatos digitales, lo que permite gestionar y analizar grandes volúmenes de información con rapidez y precisión. En el comercio marítimo, esta transformación incluye desde el registro de movimientos de buques y mercancías hasta el seguimiento en tiempo real de cargas, la programación de operaciones portuarias y la optimización de rutas marítimas. Uno de los mayores beneficios de la digitalización es la transparencia que aporta a lo largo de toda la cadena de suministro. Los sistemas digitales pueden rastrear mercancías desde su punto de origen hasta su destino final, ofreciendo visibilidad tanto a las empresas como a los clientes, lo que mejora la planificación y reduce los costos asociados a pérdidas, retrasos o errores administrativos.

La inteligencia artificial, por su parte, amplifica las capacidades de los sistemas digitales al permitir el análisis predictivo, la automatización de procesos y la toma de decisiones basadas en datos en tiempo real. La IA puede procesar enormes cantidades de información sobre factores como patrones meteorológicos, congestión en rutas marítimas y condiciones portuarias, generando recomendaciones para optimizar las operaciones logísticas. Por ejemplo, los algoritmos de aprendizaje automático pueden predecir el tiempo estimado de llegada de los buques con mayor precisión, permitiendo que los puertos coordinen de forma más eficiente los recursos necesarios para la carga y descarga, evitando tiempos muertos y reduciendo costos operativos.

Uno de los avances más destacados en la digitalización del comercio marítimo es el uso de sistemas de gestión de transporte (TMS, por sus siglas en inglés) y plataformas de cadena de suministro digital. Estas herramientas conectan a los distintos actores, incluidos exportadores, importadores, operadores portuarios y navieras, en una red centralizada que facilita la colaboración y el intercambio de información. Las plataformas TMS permiten a las empresas planificar y monitorear envíos, calcular tarifas en tiempo real y comparar opciones logísticas para encontrar la más rentable. Además, al centralizar los datos, estos sistemas minimizan la duplicación de esfuerzos y los errores, lo que se traduce en ahorros significativos.

Otro ámbito donde la digitalización y la IA están marcando la diferencia es en la optimización de las rutas marítimas. Mediante el uso de datos en tiempo real sobre condiciones climáticas, tráfico marítimo y restricciones portuarias, los sistemas de IA pueden diseñar rutas que minimicen el consumo de combustible y reduzcan los tiempos de tránsito. Este enfoque no solo disminuye los costos operativos para las navieras, sino que también reduce las emisiones de gases contaminantes, contribuyendo a los objetivos de sostenibilidad de la industria. La ruta óptima puede variar incluso durante el trayecto, y los sistemas avanzados de navegación pueden ajustar automáticamente el curso del buque para responder a cambios inesperados, como tormentas o congestión en determinados puntos de tránsito.

En los puertos, la digitalización ha llevado al desarrollo de puertos inteligentes, donde la automatización y la IA desempeñan un papel central en la gestión de operaciones. Los puertos inteligentes utilizan sensores, drones y sistemas de monitoreo remoto para supervisar las operaciones en tiempo real, identificar cuellos de botella y asignar recursos de manera más eficiente.

Por ejemplo, las grúas automatizadas pueden cargar y descargar contenedores de manera precisa y rápida, mientras que los vehículos autónomos transportan las mercancías dentro del puerto, eliminando la necesidad de intervención humana y reduciendo el riesgo de accidentes. Además, los sistemas de IA pueden prever cuándo una maquinaria necesita mantenimiento, evitando paradas inesperadas y maximizando la disponibilidad de los equipos.

La digitalización también está transformando la gestión de riesgos en el comercio marítimo. Los sistemas basados en IA pueden identificar amenazas potenciales, como ataques cibernéticos, conflictos geopolíticos o interrupciones en la cadena de suministro, y sugerir medidas preventivas. Por ejemplo, una plataforma digital puede alertar a una naviera sobre un posible retraso en un puerto debido a huelgas laborales o congestión, permitiendo a la empresa tomar decisiones proactivas, como redirigir el buque a un puerto alternativo o ajustar los horarios de entrega.

Otro campo emergente es el uso de contratos inteligentes basados en tecnología blockchain para mejorar la seguridad y la eficiencia en las transacciones marítimas. Los contratos inteligentes eliminan la necesidad de intermediarios al automatizar procesos como el pago de fletes y la liberación de documentos, reduciendo costos administrativos y acelerando los tiempos de procesamiento. Además, la trazabilidad que ofrece el blockchain mejora la transparencia en las operaciones logísticas, permitiendo a las empresas garantizar la autenticidad de los productos transportados y cumplir con normativas de comercio internacional.

Desde una perspectiva económica, la digitalización y la IA generan beneficios significativos al permitir una mayor utilización de activos y recursos. Por ejemplo, los sistemas de monitoreo de flotas basados en IA pueden analizar el rendimiento de cada buque y recomendar ajustes en su operación para maximizar la eficiencia energética. De manera similar, las herramientas de simulación logística permiten a las empresas planificar escenarios y evaluar el impacto económico de distintas estrategias antes de implementarlas, lo que reduce el riesgo de decisiones costosas.

La adopción de estas tecnologías no está exenta de desafíos. La digitalización requiere inversiones iniciales significativas en infraestructura tecnológica, capacitación del personal y adaptación de los procesos existentes. Además, la interoperabilidad entre los sistemas utilizados por diferentes actores de la cadena de suministro es un reto crítico. Sin estándares globales claros, las plataformas digitales pueden quedar aisladas, limitando su efectividad. Sin embargo, la cooperación internacional y el compromiso de las principales partes interesadas en la industria están allanando el camino para superar estas barreras y construir un ecosistema marítimo verdaderamente interconectado y eficiente.

En resumen, la digitalización y la inteligencia artificial están redefiniendo el comercio marítimo, ofreciendo soluciones que mejoran la eficiencia operativa, reducen costos y minimizan el impacto ambiental. Estas tecnologías no solo representan una ventaja competitiva para las empresas que las adoptan, sino que también son fundamentales para enfrentar los desafíos del futuro, asegurando que el comercio marítimo continúe siendo un motor esencial de la economía global. La transformación digital del sector es un proceso continuo y dinámico, que requiere una combinación de innovación tecnológica, inversión estratégica y colaboración global para alcanzar todo su potencial.

La exploración de nuevos campos para aplicar tecnologías como el blockchain en el comercio marítimo representa una evolución significativa en la forma en que se gestionan las operaciones logísticas globales. Aunque la digitalización y la inteligencia artificial ya están revolucionando el sector, el blockchain añade una capa adicional de seguridad, transparencia y eficiencia que puede transformar tanto los procesos internos de las empresas como la interacción entre los diversos actores de la cadena de suministro.

El blockchain, o cadena de bloques, es esencialmente un registro digital distribuido e inmutable que almacena datos de manera descentralizada. Cada transacción registrada en esta cadena se verifica y valida por consenso, creando un sistema seguro y a prueba de manipulaciones. En el comercio marítimo, esta tecnología puede ser utilizada para rastrear cargamentos, automatizar procesos, mejorar la trazabilidad de los bienes y garantizar la autenticidad de los datos en tiempo real.

Uno de los usos más prometedores del blockchain en el comercio marítimo es la implementación de contratos inteligentes. Estos contratos digitales, que se ejecutan automáticamente cuando se cumplen ciertas condiciones predefinidas, pueden revolucionar la gestión de transacciones comerciales. Por ejemplo, un contrato inteligente podría activar el pago de un flete marítimo tan pronto como el sistema confirme la entrega de la mercancía en el puerto de destino. Esto elimina la necesidad de intermediarios, como bancos o agentes de aduanas, reduciendo costos y acelerando los procesos de pago. Además, los contratos inteligentes son completamente transparentes y auditable, lo que refuerza la confianza entre las partes involucradas.

La trazabilidad es otro campo donde el blockchain ofrece ventajas significativas. En el comercio global, el seguimiento de la mercancía desde su origen hasta su destino final es crucial para garantizar la calidad, la seguridad y el cumplimiento normativo. El blockchain permite registrar cada etapa del trayecto de un producto, desde la producción hasta la entrega. En sectores como la alimentación o los productos farmacéuticos, esta capacidad es especialmente valiosa, ya que ayuda a identificar rápidamente cualquier punto de fallo en la cadena de suministro, como un lote contaminado o un envío retrasado. Para las empresas, esto se traduce en una reducción de riesgos y en una mayor capacidad para responder a interrupciones con rapidez y precisión.

Otro aspecto crítico en el que el blockchain puede tener un impacto profundo es la lucha contra el fraude y la falsificación. En el comercio marítimo, donde los bienes cambian de manos múltiples veces durante su tránsito, es fácil que se produzcan discrepancias en los documentos o que se introduzcan productos falsificados. El blockchain garantiza que cada transacción y cada cambio de custodia queden registrados de forma inalterable, lo que dificulta enormemente la manipulación de datos. Por ejemplo, una naviera podría utilizar blockchain para verificar que un contenedor transporta exactamente los bienes declarados y que estos no han sido alterados durante el trayecto.

En el ámbito de la documentación, el blockchain simplifica la gestión de los complejos trámites asociados con el comercio internacional. Documentos clave como cartas de crédito, conocimientos de embarque y certificados de origen pueden ser digitalizados y almacenados en una cadena de bloques. Esto no solo agiliza los tiempos de procesamiento, sino que también minimiza errores administrativos y reduce los costos asociados a la documentación física. Además, al ser accesibles desde cualquier parte del mundo por las partes autorizadas, estos documentos facilitan una mayor coordinación en las operaciones logísticas.

El blockchain también puede desempeñar un papel fundamental en la sostenibilidad del comercio marítimo. Al proporcionar una trazabilidad clara de los bienes y recursos, las empresas pueden demostrar el cumplimiento de normativas ambientales y estándares éticos. Por ejemplo, los importadores de productos agrícolas podrían garantizar que su carga proviene de fuentes sostenibles y no está vinculada a la deforestación ilegal. De manera similar, los armadores podrían rastrear y reportar el uso de combustibles bajos en carbono, lo que se alinea con los objetivos de descarbonización del sector.

En cuanto a los retos, la implementación del blockchain en el comercio marítimo enfrenta algunos obstáculos importantes. La adopción de esta tecnología requiere un nivel significativo de inversión en infraestructura digital y capacitación del personal. Además, para que el blockchain funcione de manera efectiva en un entorno global, es necesario que los actores clave de la industria, incluidos navieras, puertos, exportadores, importadores y autoridades gubernamentales, adopten estándares comunes y trabajen en colaboración. La interoperabilidad entre diferentes plataformas de blockchain también es un desafío, ya que las soluciones fragmentadas pueden limitar su efectividad.

A pesar de estos desafíos, ya existen iniciativas pioneras que están demostrando el potencial del blockchain en el comercio marítimo. Proyectos como TradeLens, desarrollado por Maersk e IBM, han implementado plataformas basadas en blockchain para mejorar la transparencia y la eficiencia en la cadena de suministro global. Estas plataformas permiten a las empresas rastrear envíos, gestionar documentación y coordinar operaciones logísticas de manera más efectiva, generando ahorros sustanciales y fortaleciendo la seguridad en las transacciones.

Desde una perspectiva económica, la aplicación del blockchain en el comercio marítimo promete generar beneficios significativos. La automatización y la reducción de intermediarios disminuyen los costos operativos, mientras que la mayor transparencia y trazabilidad reducen los riesgos asociados al fraude y las disputas contractuales. Además, al optimizar los procesos logísticos, las empresas pueden mejorar la utilización de sus activos, como barcos y equipos portuarios, lo que se traduce en mayores márgenes de beneficio.

El futuro del blockchain en el comercio marítimo es prometedor, pero requiere un enfoque estratégico y colaborativo para maximizar su impacto. A medida que la tecnología evoluciona y se desarrollan nuevas aplicaciones, es probable que el blockchain se convierta en un componente central de un sistema logístico marítimo cada vez más digitalizado, eficiente y resiliente. Al combinar esta innovación con otras tecnologías emergentes, como la inteligencia artificial y la automatización, la industria marítima tiene la oportunidad de reinventarse, adaptándose a las demandas del comercio global del siglo XXI y consolidándose como un pilar fundamental de la economía mundial.

El crecimiento sostenido del comercio marítimo también dependerá de su capacidad para responder a la demanda creciente de bienes y materias primas que acompaña al crecimiento demográfico y al aumento del consumo global. A medida que las economías emergentes en África, Asia y América Latina ganen protagonismo en el comercio internacional, será necesario desarrollar nuevas rutas marítimas y expandir las capacidades de las existentes. Esto incluye la construcción de buques más grandes y eficientes, capaces de transportar mayores volúmenes de carga con un menor consumo energético por unidad transportada. Sin embargo, esta expansión debe equilibrarse cuidadosamente con la necesidad de proteger los ecosistemas marinos y garantizar que las rutas comerciales no comprometan la biodiversidad.

La creación de un comercio marítimo sostenible también requiere abordar las desigualdades económicas en la industria. Si bien los beneficios del comercio global son evidentes, su distribución no ha sido equitativa. Muchas de las regiones que sirven como puntos clave en las rutas marítimas globales, particularmente en el hemisferio sur, no han recibido una parte proporcional de los ingresos generados. Para corregir estas disparidades, es esencial que las inversiones en infraestructura portuaria y en el desarrollo del transporte marítimo se realicen de manera inclusiva, asegurando que los beneficios económicos se distribuyan más equitativamente entre las naciones desarrolladas y en desarrollo.

Además, el comercio marítimo del futuro debe ser resiliente frente a los retos geopolíticos y climáticos. Las tensiones internacionales, los conflictos armados y los fenómenos climáticos extremos tienen el potencial de interrumpir las cadenas de suministro globales y afectar negativamente a las economías dependientes del comercio marítimo. La diversificación de las rutas comerciales, la construcción de infraestructuras resistentes y la cooperación internacional para garantizar la seguridad marítima serán esenciales para mitigar estos riesgos y asegurar la continuidad del comercio.

En última instancia, el comercio marítimo se encuentra en un punto de inflexión. La necesidad de satisfacer las demandas de una población mundial en crecimiento, mientras se enfrenta a las presiones por reducir su impacto ambiental y abordar las desigualdades económicas, plantea desafíos de una magnitud sin precedentes. Sin embargo, también ofrece oportunidades para redefinir la industria en términos más sostenibles y eficientes. La clave estará en la capacidad del sector para adoptar la innovación tecnológica, impulsar la colaboración internacional y comprometerse con una visión a largo plazo que integre el crecimiento económico con la sostenibilidad ambiental y social.